峨眉山人文地理与城乡规划
认识实习指导书

主　编　赵银兵

副主编　倪忠云　吴柏清　刘严松

科学出版社

北　京

内 容 简 介

本书系统介绍了峨眉山市自然地理概况、地质环境概况、人文地理与城乡规划概况、调查方法、地理实习路线、城乡规划实习路线，以及实习拓展路线，旨在增强学生对资源环境各要素客观实体的感性认识，促进学生对各要素之间相互作用形成的各种自然与人文环境综合体及其在规划中的影响的深刻认识，同时加强学生对实习城镇的规划、建设、管理以及环境保护等的深入认识。

本书兼有教材及实习指导书的双重功能，适于自然地理学、人文地理学、城乡规划、旅游管理等专业本科生及研究生的课堂学习和野外实习使用，也适合相关专业研究人员阅读参考。

审图号：川 S[2023]00075 号

图书在版编目（CIP）数据

峨眉山人文地理与城乡规划认识实习指导书 / 赵银兵主编. —北京：科学出版社，2024.3

ISBN 978-7-03-076271-9

Ⅰ. ①峨… Ⅱ. ①赵… Ⅲ. ①人文地理—峨眉山市—高等学校—教学参考资料 ②城乡规划—峨眉山市—高等学校—教学参考资料 Ⅳ. ①K927.13 ②TU984.271.3

中国国家版本馆 CIP 数据核字（2023）第 165358 号

责任编辑：莫永国 / 责任校对：王 瑞
责任印制：罗 科 / 封面设计：墨创文化

科 学 出 版 社 出版
北京东黄城根北街 16 号
邮政编码：100717
http://www.sciencep.com

四川煤田地质制图印务有限责任公司印刷
科学出版社发行 各地新华书店经销

*

2024 年 3 月第 一 版 开本：787×1092 1/16
2024 年 3 月第一次印刷 印张：10 3/4
字数：260 000

定价：69.00 元

（如有印装质量问题，我社负责调换）

本书作者名单

赵银兵　倪忠云　吴柏清　刘严松

夏小江　何新东　何　丽　阚瑷珂

朱　琳　张　扬　石亚灵

前　　言

人文地理与城乡规划专业立足于人文地理学各分支学科的基础理论，结合城乡规划的技术路径与基本方法，以人地关系理论为指导，助力学生掌握城乡规划专业的基础知识与基本技能。本专业培养的学生应掌握自然地理学、人文地理学和地理信息科学与技术的基础知识、基本理论、分析方法和应用技能，具备以下能力：通过野外综合考察、社会调查、实验分析等获取第一手科学资料和地理数据的能力；通过分析、归纳、整理相关数据，运用一定的数理统计分析和计算机技术，定量分析研究地理问题的能力；遥感、卫星定位导航、地理信息系统的应用或开发能力；资料调查与收集、文献检索及运用现代技术获得相关信息的能力；一定的自主设计实验和开展野外调查的能力。本专业主要培养能够在教学科研单位、政府相关部门、企事业单位从事全球变化、环境保护、资源开发与利用、灾害监测与管理、国土资源调查与管理、旅游规划、城乡规划、区域发展、地理信息技术开发与应用、国防建设等与地理科学有关的基础教育、科学研究、应用及管理的专门人才（高等学校教学指导委员会，2018）。学生需要具备测量、制图、3S运用等实习经验和基本技能，能够对城乡规划区域的地质、水文、动植物和气候等自然条件，以及人口、社会和经济等方面做出评价分析，对人文地理环境的未来发展趋势进行模拟与预测，以便于更好地进行城乡规划、建设、管理和服务等工作。为了响应前述要求，编写了本实习指导书。

本书适于自然地理学、人文地理学、城乡规划、旅游规划等野外实习使用，主要实习任务是使学生对资源环境各要素形成的客观实体有感性认识，对要素之间相互作用形成的各种自然与人文环境综合体有深入理解，对这些自然与人文要素条件在规划中的影响有深刻的认识；对实习城镇（城市）的规划、建设和管理以及环境保护等有系统性的深入认识。培养学生野外工作观察分析能力，激发学生的专业学习兴趣，为该专业的后期学习打下基础，逐步树立和巩固专业思想。为了达到上述目标，根据教学大纲所规定的教学内容与层次，指导学生在峨眉山对相关学习内容进行实习操作。实习过程中，需要掌握的观察和描述内容、方法与技能是教学的重点，须按计划完成，达到规定要求。本教材以王思康、曾昭贵、朱创业执笔修编的学校内部资料"峨眉地质认识实习指导书"为重要基础，地质资料主要参考邓江红等编写的《峨眉山地质认识实习教程》（邓江红等，2013）及区域地质调查资料人文地理等资料主要来自《峨眉山市志（1986～2005）》（峨眉山市地方志编纂委员会，2014）等地方志资料。

赵银兵负责全书的统编，倪忠云负责全书编图、地质和地理等内容整理编写，吴柏清负责地理实习路线编写和资料收集等工作，刘严松负责地质内容收集工作，夏小江负责野外资料收集工作，其他作者参与了部分资料的收集和整理工作。

　　本书兼有教材及实习指导书的双重功能，可以作为本科生及研究生的学习和实习之用。本书编著过程中得到成都理工大学城乡规划创新教学团队项目、四川省高等学校人文社会科学重点研究基地青藏高原及其东缘人文地理研究中心项目、四川省社会科学重点研究基地国家公园研究中心项目、四川省教学改革项目"面向复杂生态地质环境的人居环境专业群建设研究"等项目的资助。同时，本书出版工作得到成都理工大学教务处的指导和支持，特此致谢。

目　　录

第1章　峨眉山市自然地理概况

1.1　区位条件

峨眉山市因峨眉山得名，是乐山市下辖县级市，位于四川盆地西南边缘，东北与川西平原接壤，西南连接小凉山，地处四川盆地到西南山地的过渡地带。峨眉山市东邻乐山市中区、沙湾区，南连峨边彝族自治县，西部毗邻洪雅县和乐山市金口河区，北部邻接夹江县（图1.1）。峨眉山市市域地理坐标为103°10′30″E～103°37′10″E，29°17′30″N～29°43′42″N，全市面积为1183km²，城市建成区面积为18km²（图1.2）（黄诗曼等，2020）。峨眉山市是四川省对外开放的旅游城市，基础设施完善，交通区位优势明显，是川西南交通小"枢纽"。峨眉山市北距成都双流国际机场120km，距乐山水运码头30km，距乐山机场35km，是西向"一带一路"前沿阵地，是成渝地区双城经济圈后花园，是"巴蜀文化旅游走廊"重要节点。成昆铁路由北至南贯穿全境，乐峨快速通道与成乐高速公路相连，与乐汉高速公路、乐雅高速公路、省道103线和省道306线构成了全市的交通骨架。西南地区首条城际高速铁路成绵乐客运专线于2014年12月开通运营，峨眉山市正式步入"高铁时代"，峨眉山市至成都市的时间缩短至40min，交通大发展直接将峨眉山市纳入成都市1小时经济圈范围内。国家规划建设的成昆铁路复线、连乐铁路、

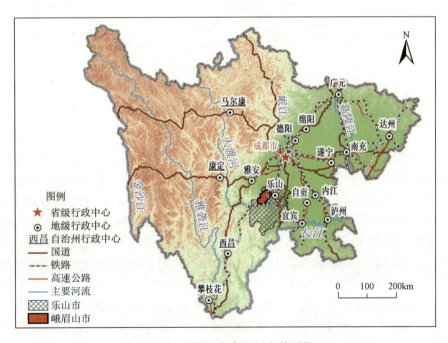

图1.1　峨眉山市在四川省的区位

峨汉高速、成乐高速扩容项目及其他快速路，进一步加强了成都市、乐山市和峨眉山市三地之间的联系，为峨眉山市深度融入成渝地区双城经济圈发展提供了有利条件。

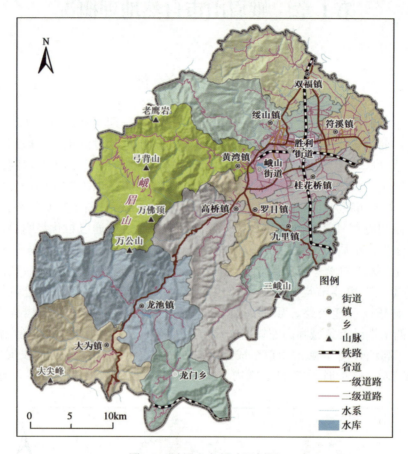

图 1.2　峨眉山市行政区划图

1.2　地　形　地　貌

峨眉山市地处四川盆地西南边缘，东北临近川西平原，西南与大小凉山接壤，属盆地到高山的过渡地带。峨眉山市境内地势西南高、东北低，最高点为峨眉山万佛顶（海拔为3099m），最低处位于峨眉河出境入乐山市中区处（海拔为386m），相对高差达 2713m。按照地理学中的地貌划分原则（绝对高程和相对高程），市内地貌类型可划分为平原、低山、中山三个类型，如图 1.3（a）所示，其中低山和中山的面积占 70%以上，中山又划分为深切割中山、中切割中山和浅切割中山三种类型。同时，按照地质学中的地貌划分原则（地质作用），市内地貌类型可划分为冰水堆积一级阶地、冰碛-冰水堆积二级阶地、平原河谷阶地、洪积-冲积层、丘陵、褶皱低山、褶皱断块中山、侵蚀溶蚀中-低山、褶皱断块中-低山、冰碛盆地等类型，如图 1.3（b）和表 1.1 所示，峨眉山和二峨山等均为剥蚀的背斜褶皱断块山，基底主要为新元古代花岗岩和白云岩，表层为寒武纪和二叠纪灰岩，金顶由二叠纪峨眉山玄武岩组成。各类地貌与地质构造、岩性、气候和生物等作用呈现出较强的相关性。峨眉平原位于本市东部，平均海拔约为 436m，与眉山和夹江平原共同构成岷江和青衣江下游冲积平原。峨眉平原由断陷形成，有深厚的新生代沉积，尤以中更新统泥砾层分布最广，构成了向东北方向倾斜的扇状平原，其物质主要来源为峨眉山主峰山前的大沟和张沟等地；其上部为上更新统冲积层，下部下更新统是古冲积扇的残余部分（峨眉山市地方志编纂委员会，2014）。

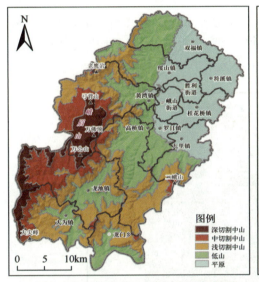

(a) 峨眉山市地貌图（按绝对高程和相对高程划分）

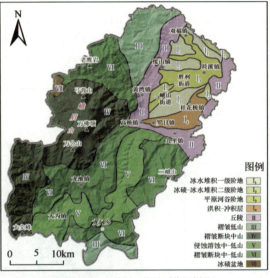

(b) 峨眉山市地貌图（按地质作用划分）

图 1.3　峨眉山市地貌图

表 1.1　峨眉山市不同地质地貌分区的统计特征

地貌类型	海拔范围/m	面积/km²	面积占比/%	平均海拔/m	平均起伏度/m	平均坡度/(°)
冰水堆积一级阶地	390~529	65.88	5.57	431	10	1.19
冰碛-冰水堆积二级阶地	393~522	19.27	1.63	442	21	2.66
平原河谷阶地	389~522	59.90	5.06	416	9	1.04
洪积-冲积层	401~533	36.51	3.09	445	6	0.76
丘陵	383~979	115.21	9.74	493	54	6.72
褶皱低山	433~1338	112.05	9.47	772	139	17.05
侵蚀溶蚀中-低山	477~1609	144.13	12.18	1005	132	16.16
褶皱断块中-低山	449~2016	354.58	29.97	1077	151	18.19
褶皱断块中山	718~3099	268.59	22.71	1845	203	23.40
冰碛盆地	974~1517	6.88	0.58	1251	94	11.73

1.3　气　候

峨眉山市属中亚热带季风气候区，气候主要受太阳辐射、大气环流和地貌等因子影响,常年温暖湿润,雨量充沛。平原和山麓属亚热带气候,气候温暖多雨,中部山区为暖温带、中温带气候,山顶是亚寒带气候。峨眉山在平原西南部形成高大的天然屏障,阻止暖湿气流的长驱直入,造成山区云雾多、日照少、雨量充沛的气候特点,兼有山地垂直气候变化的特点。

1.3.1 气温

气温空间梯度由峨眉山顶高海拔区逐步向低山及平原区降低(图 1.4),平原区年平均气温为 18.05℃,低山区年平均气温为 16.39℃,浅切割中山区年平均气温为 14.52℃,中切割中山区年平均气温为 11.69℃,深切割中山区年平均气温为 9.46℃。

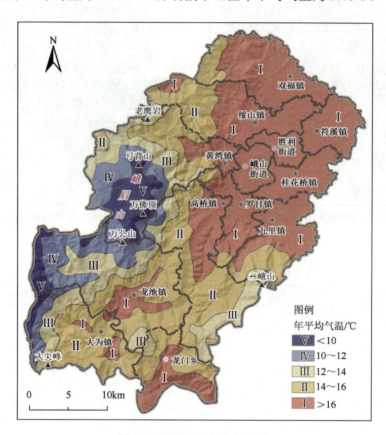

图 1.4　峨眉山市年均气温图

据 1980～2010 年气象观测站数据(表 1.2),峨眉站(103.29°E,29.36°N)年平均气温为 17.35℃,月平均气温最高值为 7 月的 26.4℃,最低值为 1 月的 7.1℃。峨眉山站(103.20°E,29.31°N)年平均气温为 3.1℃,月平均气温最高值为 7 月的 12.0℃,最低值为 1 月的-5.4℃。峨眉平原与低山区具有冬冷夏热、春暖秋凉、四季分明的气候特点,春季(3～5 月)平均气温为 17.8℃,夏季(6～8 月)平均气温为 25.5℃,秋季(9～11 月)平均气温为 17.9℃,冬季(12 月至次年 2 月)平均气温为 8.3℃。在中山区则截然不同,一年之中冬季漫长，春秋相连。峨眉山上 1 月平均气温低于–5℃，4 月平均气温约 3.7℃，而最高的 7 月平均气温仅能达到 12.0℃，10 月平均气温又迅速降低到 2.7℃。中山区表现为无炎热感，有冷暖之分。

表 1.2　峨眉站与峨眉山站 1980～2010 年气温数据　　　　（单位：℃）

月份	峨眉站			峨眉山站		
	平均气温	最高气温	最低气温	平均气温	最高气温	最低气温
1	7.1	10.6	4.9	–5.4	1.0	–9.1
2	9.3	14.3	5.9	–4.1	2.4	–8.4
3	13.0	19.3	8.3	–0.7	6.3	–6.0
4	18.1	25.6	12.5	3.7	10.4	–1.3
5	22.2	27.4	17.0	7.0	11.8	3.0
6	24.3	29.4	20.0	10.1	14.9	5.9
7	26.4	31.6	22.3	12.0	16.0	9.3
8	25.7	31.5	21.3	10.6	15.8	7.0
9	22.3	28.2	17.8	7.0	12.5	2.6
10	17.8	23.1	14.0	2.7	7.7	–1.5
11	13.5	19.1	8.7	–1.5	5.3	–6.4
12	8.5	12.9	5.3	–3.7	1.8	–7.8

以温度作为依据，采用候平均温度作为峨眉山市四季划分标准（表 1.3）：5d 为一候，月大（31d）末候为 6d，全年共计 72 候。候平均温度＜10℃为冬季，＞22℃为夏季，10～22℃为春季/秋季，对不同海拔地区采用此标准划分（峨眉山市地方志编纂委员会，2014）。

表 1.3　峨眉山市四季标准划分表

季节标准		峨眉山市市区	海拔						峨眉山顶
			550m	800m	1000m	1200m	1600m	2200m	
冬季（＜10℃）	初期	12 月 2 日	11 月 27 日	11 月 22 日	11 月 17 日	11 月 12 日	10 月 28 日	10 月 3 日	9 月 3 日
	终期	2 月 24 日	3 月 1 日	3 月 6 日	3 月 16 日	3 月 21 日	4 月 5 日	4 月 25 日	6 月 24 日
	持续期	85d	95d	105d	120d	130d	160d	205d	295d
春季（10～22℃）	初期	2 月 25 日	3 月 2 日	3 月 7 日	3 月 17 日	3 月 22 日	4 月 6 日	4 月 26 日	6 月 25 日
	终期	5 月 20 日	5 月 30 日	6 月 19 日	7 月 4 日	7 月 14 日	10 月 27 日	10 月 2 日	9 月 2 日
	持续期	85d	90d	105d	110d	115d	205d	160d	70d
夏季（＞22℃）	初期	5 月 21 日	5 月 31 日	6 月 20 日	7 月 5 日	7 月 15 日	—	—	—
	终期	9 月 12 日	9 月 7 日	9 月 2 日	8 月 18 日	8 月 8 日	—	—	—
	持续期	115d	100d	75d	45d	25d	—	—	—
秋季（10～22℃）	初期	9 月 13 日	9 月 8 日	9 月 3 日	8 月 19 日	8 月 9 日	—	—	—
	终期	12 月 1 日	11 月 26 日	11 月 21 日	11 月 16 日	11 月 11 日	—	—	—
	持续期	80d	80d	80d	90d	95d	—	—	—

峨眉山市区气温的日较差累年平均值为 6.7℃，峨眉山顶累年平均值为 7.3℃。平原地区日较差平均最大值出现在 4 月和 8 月，约为 8.0℃；最小值出现在 11 月和 12 月，为 4～5℃。峨眉山顶日较差平均最大值出现在 1 月和 3 月，约为 9.0℃；最小值出现在 9 月和 10 月，约为 6.0℃。

峨眉山市各地为植物生长提供的积温差异较大。在亚热带气候区，海拔小于 800m 的低山及平原地区，是主要农作物和经济林木区，属于各级活动积温比较丰富的地带。海拔位于 1600～2200m 的地区，山势陡峭，热量较少，不适宜农作物生长，喜冷耐低温的药材和冷杉、杜鹃、箭竹较为适宜。峨眉山顶气候最冷，箭竹丛生，冷杉发育，杜鹃掺杂其中。

1.3.2　降水

降水的空间分布受到海陆分布、大气环流和下垫面（地貌等）影响。峨眉山市的降水量呈现出中山多于低山区和平原的特征，在山区表现出迎风坡多于背风坡的特点。受青藏高原低压槽、西南低涡和太平洋暖湿气流的交错影响，加之地形阻挡抬升作用，在峨眉山区形成了充沛的地形雨。根据 1980～2015 年插值降水数据（图 1.5）统计：平原区年平均降水量为 1143mm，低山区年平均降水量为 1188mm，浅切割中山区年平均降水量为 1234mm，中切割中山区年平均降水量为 1306mm，深切割中山区年平均降水量为 1359mm。

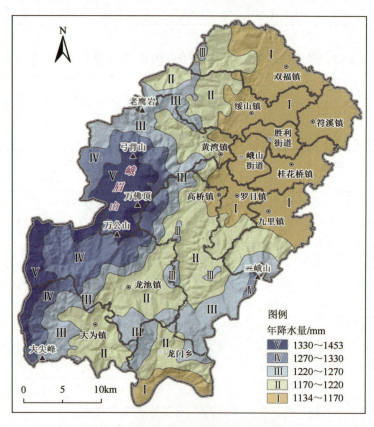

图 1.5　峨眉山市年平均降水量分布图

　　根据国家气象信息中心统计，1991～2020 年，我国大陆平均一年中降雨（雪）日数最多的地方即是峨眉山，长达 239.6d（不含港澳台数据）。峨眉山市地处亚热带季风气候区，降水量季节分配不均，年际变化较大（图 1.6）。春季累年平均总降水量约为 260mm，峨眉山顶约为 350mm。夏季降水量最多，接近 1000mm，各地累年暴雨日平均达到 5d 以上。秋季降水量迅速减少，不足 300mm。冬季降水量约为 60mm，为全年最少的季节。全市降水量大致雨热同季，干湿分明。受到降水量年际波动及降水季节分配差异的影响，容易造成冬干、春旱、夏涝、秋绵雨灾害。日照偏少，气温偏低，加之区域气候波动对农业发展产生了一定的影响。峨眉山市夜雨频率较高，昼晴夜雨，利于植物生长与光合作用（峨眉山市地方志编纂委员会，2014）。峨眉山顶年平均积雪日 77.7d；雨凇在峨眉山出现时间为 1～6 月和 9～12 月，年平均出现天数可达 141.3d，最多可达 167d，最少也有 102d；雾凇在峨眉山的出现时间为 1～5 月和 9～12 月，年平均天数为 139.4d，最多可达 167d，最少有 92d（四川省地方志编纂委员会，1996a，1996b），峨眉山具有同一纬度自然环境中极为罕见的"玉树琼花"奇景（郭洁，2002）。

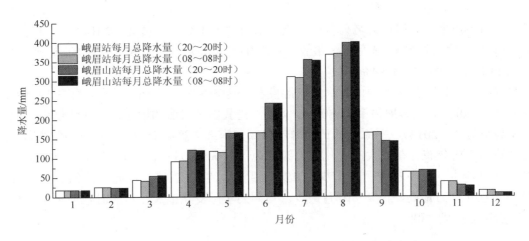

图 1.6　峨眉站和峨眉山站 1980～2010 年逐月平均降水量

1.3.3　风

　　峨眉山市区附近平原和低山区，常年春季、夏季盛行西南气流，多西南偏西风，秋季、冬季多东北风和西风；在东北边缘的平原和低山区，主要风向为西北偏北风，仅在 6 月为东南偏南风；大渡河缘山区，主要风向为东北偏北风（图 1.7）。峨眉山顶以东南风最多，主要受地貌影响（峨眉山市地方志编纂委员会，2014）。

　　峨眉山市区附近的平原和低山地区，平均风速较小，风速随海拔增加而加大，大渡河沿岸山区的平均风速为 2.6m/s，在峨眉山顶及各种山谷风汇集之处，累年平均风速达到 3m/s。在峨眉山市区，多表现为静风天气，上午 9～10 时之后，风速开始增大，平均风速约为 0.68m/s，有时可达到 2～5m/s。峨眉山市东北部的平原及低山区，风速变化特

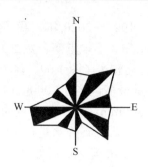

图 1.7　峨眉山市风向玫瑰图

点是 3～5 月较大，10 月至次年 1 月变化较小；在大渡河沿岸山区和其他的低山及中山区，12 月至次年 4 月变化较大，5～11 月变化较小（峨眉山市地方志编纂委员会，2014）。

1.3.4　云量与日照

峨眉山市大部分地区的云量空间分布格局与平均相对湿度大体一致，年平均云量一般达到 80%以上，在四川省名列首位（峨眉山市地方志编纂委员会，2014）。一年之内，峨眉山市 10 月云量最多，8 月云量最少；峨眉山顶云量较少，5 月和 6 月最多，达到 90%；12 月和 1 月最少，约为 60%。

峨眉山市日照分布受到地貌、空气湿度和云雾等影响，大部分地区的年平均日照时数不足 1000h，太阳辐射最多为 80kcal[①]/cm^2，是我国少日照的地区之一（峨眉山市地方志编纂委员会，2014）。平原区的日照时数略高，南部大渡河沿岸山区可达 1007.8h。日照时数的年内分布存在较大的变化，大部分地区以 6～8 月最高，3～5 月次之，12 月至次年 2 月最少，最高的 8 月与最少的 12 月相差达到 2～3 倍。峨眉山顶的日照时数在 12 月至次年 2 月最高，在 9～10 月最少。日照的年际变化很大，日照时数最多年份与最少年份相差达到 380h。

1.3.5　蒸发

受地形地貌影响，峨眉山市各地的蒸发量存在差异，大部分地区的年蒸发量约为 900mm。在大渡河沿岸山区，降水量少而蒸发量快，年蒸发量达到 1300mm。在峨眉山顶，年蒸发量为 800mm。从时间分配来看，市域范围在 7 月蒸发量最大，12 月最少。而在峨眉山顶，则 7 月蒸发量最大，2 月蒸发量最少。

1.3.6　相对湿度

峨眉山市的相对湿度受地形地貌影响，高海拔区较大，而低海拔区较小（峨眉山市地方志编纂委员会，2014）；在西部的中切割和深切割地区，年平均相对湿度达到 90%以

---

① 1cal = 4.1868J。

上，属于降水高值区；在东北部的平原和低山区，年平均相对湿度达到 80%，属于降水中值区；在大渡河沿岸山区，年平均相对湿度降至约 70%，属于降水低值区。相对湿度的年际变化不显著，但年内变化较为明显。在峨眉山，累年平均相对湿度最高月份为92%，最低月份为 75%，相差高达 17%；在峨眉山市区，最高月份为 84%，最低月份为 74%，相差为 10%。其中，秋季最大，春季最小，其余月份均在 77%～83%。

1.4　水　　文

1.4.1　地表水

峨眉山市属青衣江和大渡河水系（峨眉山市地方志编纂委员会，2014）。青衣江主要支流多源于峨眉山，有西河和花溪河等，多深谷急流和险滩瀑布；大渡河支流以双福河、峨眉河、临江河最大，分别发源于大峨山以北的尖山子和南麓的土地关，这些水系分布区山高谷窄，水流湍急。峨眉山市境内天然河流包括大渡河、峨眉河、临江河、龙池河、石河和龙门河等干流，总长度约为 150km。大渡河在南边与乐山市共界，花溪河在西北边境与洪雅县共界。峨眉河及其支流双福河、临江河、茅杆河等河流汇水面积大于100km^2。峨眉山市境内的河流多属树枝状水系，一些小支流呈羽毛状分布。

1.4.2　地下水

根据不同岩层的组合情况和地下水在地层中的富集形式、分布特征、出露状态，以及补给、排泄、循环条件不同，按照划分地下水类型的原则，松散岩类地下水、基岩裂隙水、碎屑岩类孔隙裂隙水、碳酸盐岩类裂隙岩溶水在境内均有分布（周绪伦，1981）。

（1）松散岩类地下水。包括河谷阶地潜水、峨眉平原孔隙潜水及承压水，主要由更新统、全新统的松散堆积层组成，分布在峨眉平原和冰碛、冰水台地和河流阶地。

（2）基岩裂隙水。分布在低山和丘陵地区的侏罗系和白垩系红层，由砂岩、黏土岩、页岩组成，一般是浅层风化裂隙含水层，地下水埋深浅。除碳酸盐岩外，其他各类岩层组成的构造裂隙水以及玄武岩孔洞裂隙水等在内的裂隙水，主要分布在山区。

（3）碎屑岩类孔隙裂隙水。由须家河组、下沙溪庙组、自流井组和白田坝组等地层组成，一般为承压水，具有较厚的隔水层，地下水以承压或者自流为特征。

（4）碳酸盐岩类裂隙岩溶水。其组成以三叠系雷口坡组和嘉陵江组、二叠系茅口组白云岩和灰岩、震旦系洪椿坪组白云岩为主，其次为寒武系和奥陶系等地层组成。可分为碳酸盐岩岩溶水和碎屑岩夹碳酸盐岩溶裂隙水。

以峨眉山七里坪为例，地表浅层的地下水接受大气降水和地表水的垂向补给，一般循环深度有限，一般在 100～200m 以内，在此深度以下循环条件变差，这对于深部热矿水储集层保温隔热有利。峨眉山地区碳酸盐岩的地层层位多、分布广，包括三叠系雷口坡组和嘉陵江组、二叠系栖霞组、奥陶系、寒武系、震旦系洪椿坪组，此类地层中的可溶性岩层（石灰岩、白云岩、白云质灰岩、灰质白云岩等）厚度大，有的在数百米以上，其中的岩溶现象（或古岩溶）十分发育。地下水流向基本与地形地貌一致（陈鹏等，2019）。

　　峨眉平原孔隙潜水由全新统冲洪积、更新统冰碛物和冰水沉积物组成，主要分布在峨眉平原的漫滩阶地、冰水扇或一、二级台地上，呈现出四种类型（周绪伦，1981）：①水量丰富型，单孔涌水量为1000～3000t/d，主要分布在临江河、峨眉河、双福河两岸河漫滩，一级阶地及王漕古河道。②水量较丰富型，单孔涌水量为100～1000t/d，主要分布在罗目—徐塘—五显庙间的冰水扇和双福河上游河流两岸一级阶地。③水量贫乏型，单孔出水量小于100t/d，分布于双福河上游左岸，双福河和青衣江一级和二级台地。④基本无水型，分布在平原边缘的冰碛物、冰水沉积物或新近系中，厚度薄或以黏质土为主的基本无水。

　　峨眉平原新近系孔隙承压水有两种类型（周绪伦，1981）：①水量中等型，单孔出水量为100～500t/d，主要分布在峨眉河以北平原下部，含水层属新近系河湖相沉积，由砾石和黏土组成；部分层位砂卵砾石呈半胶结状，局部钙质胶结紧密。②水量贫乏型，单孔出水量小于100t/d，主要分布在峨眉河以南，含水层渐变为以黏土或黏土夹砾石为主；富水性变小，越向南靠近平原边缘，水量减小的趋势越明显。

1.5　土　　壤

1.5.1　峨眉山市土壤

　　土壤是气候、岩石、地貌、时间和生物等多种作用的产物。峨眉山市境内地貌复杂，平原区为亚热带气候，出现水平地带性土壤（图1.8）；山区为温带和寒温带气候，出现垂直地带性土壤。

　　（1）黄壤。在峨眉山市境内分布最广，涉及浅切割中山、中切割中山、低山和平原区。土壤母岩类型多样，包括二叠系峨眉山玄武岩、三叠系碳酸盐岩及碎屑岩、侏罗系红层、第四系冲洪积层等。

　　（2）紫色土。主要分布在双福、绥山、符溪、罗目、龙门和龙池等地的平原、低山、浅切割和中切割中山区。土壤母岩类型主要为侏罗系和白垩系红层、三叠系碎屑岩。

　　（3）水稻土。主要为红、黄壤性土壤，分布在平原和低山区。土壤母岩类型主要为第四系冲洪积层、冰水冲积层，以及白垩系灌口组粉砂岩、泥岩。

　　（4）石灰（岩）土。主要分布在龙池、大为、沙溪、高桥和黄湾等地的浅切割中山、中切割中山和低山区。土壤母岩类型主要为三叠系和二叠系的碳酸盐岩。

　　（5）黄棕壤。主要分布在黄湾、龙池和大为的中切割、深切割、浅切割中山区。土壤母岩类型主要为元古宇板岩、震旦系碳酸盐岩、二叠系峨眉山玄武岩及碎屑岩。

　　（6）暗棕壤。主要分布在黄湾、龙池、大为等地的深切割和中切割中山区。土壤母岩类型主要为二叠系峨眉山玄武岩、碳酸盐岩，元古宇板岩。

（7）新积土。面积较小，分布在符溪镇东北部和东部边界处。土壤母岩类型主要为第四系洪水沉积层。

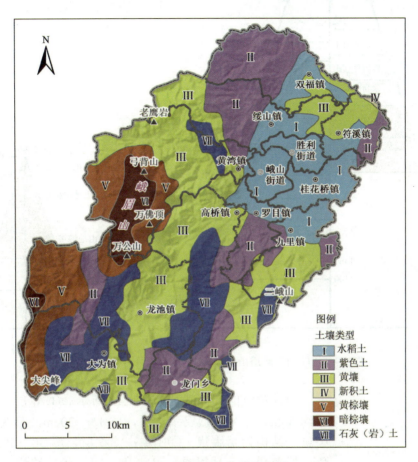

图 1.8　峨眉山市土壤类型图

1.5.2　峨眉山土壤

峨眉山因地势高低悬殊而表现出土壤的垂直地带性分布（图 1.9），在植被发育的东北坡和东南坡具有较好的一致性，900/1000m（东南坡/东北坡）以下为山地黄壤，900/1000（东南坡/东北坡）～1500m 为山地黄棕壤，1500～1900/2100m（东北坡/东南坡）为山地棕壤，1900/2100（东北坡/东南坡）～2900m 为山地暗棕壤，2900m 以上为山地草甸土，与贡嘎山约 3300m 以下的土壤垂直分带存在一定的相似性（余大富，1984）。

1. 山地黄壤

山地黄壤分布在峨眉平原至洪椿坪、牛心寺、万年寺、净水一线。成土母质为灰岩、砂岩，以及第四系松散沉积物。黄壤成土过程除了具有脱硅富铝化过程以外，黄化过程明显，由于该带降水丰富，日照少，相对湿度大，土壤经常处于湿润状态。

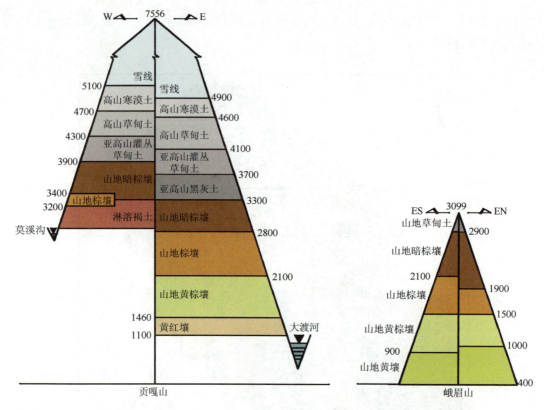

图 1.9　贡嘎山与峨眉山土壤垂直分带谱对比（单位：m）

山地黄壤的剖面特征如图 1.10 所示。①A_0 层：有机层，厚约 5cm。②A 层：腐殖质层，厚 15～20cm，暗灰色；质地中壤，结构为团块状。③B 层：淀积层，厚 30～50cm，枯黄色、蜡黄色；质地黏重，呈块状、团块状，结构表面覆盖胶膜；黏粒含量为 15%～30%，黏土矿物以高岭石、蛭石为主。④B_c 层：淀积—母质过渡层。⑤C 层：母质层。据化学分析，山地黄壤的 pH 为 4.0～5.5，阳离子代换量为 10～15mg 当量/100g 土；盐基饱和度为 30%～65%，活性铁、铝含量较高，Si/R_2O_3 含量比为 1.46～2.38。

图 1.10　山地黄壤剖面图

A_0	5cm
A	15～20cm
B	30～50cm
B_c	80～100cm
C	

2. 山地黄棕壤

山地黄棕壤分布在从洪椿坪、牛心寺、万年寺一线至大坪、息心所一线。该带自然土壤与北亚热带生物气候条件下的地带性土壤相当，为黄棕壤。自然带为山地常绿阔叶林温湿气候带。该带年均气温为 8～15℃，≥10℃积温为 3000～3500℃，年降水量约为 2000mm，相对湿度>85%。阴凉潮湿多雨雾，湿度大。喜湿的樟科、木兰科、山毛榉科植物在该带占优势。成土母质多为灰岩、白云岩、玄武岩等的坡积、残积物。

山地黄棕壤带因温度和湿度较黄壤低而比棕壤高，故风化作用较棕壤强而比黄壤弱，成土矿物为伊利石、蒙脱石，其次为高岭石。Si/R_2O_3 含量比为 1.22～2.33，阳离子代换量为 25～40mg 当量/100g 土，盐基饱和度为 45%～75%；活性铝含量低，因此有别于黄壤但与棕壤相似；整个剖面呈酸性至微酸性反应，pH 为 4.5～6.5。该区土壤一般不到 1m 厚。

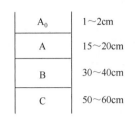

图 1.11　山地黄棕壤剖面图

剖面特征如图 1.11 所示。①A_0 层：有机层，厚 1～2cm。②A 层：腐殖质层，厚 15～20cm，暗灰棕色；呈粒状、团块状结构，有机质含量为 5%～15%。③B 层：心土层，厚 30～40cm，棕色、黄棕色；呈棱块状、块状结构，质地黏重；土壤表面层次分化，黏粒下移明显，黏粒含量>30%，结构体表面覆盖有铁、锰胶膜。④C 层：母质层，厚 50～60cm。总之，山地黄棕壤的剖面淋溶作用较强，脱钙、黏化、微富铝化为其主要成土特征。

3. 山地棕壤

山地棕壤分布在大坪、息心所一线至洗象池之间。自然带为暖温带常绿落叶和阔叶落叶混交林温湿气候带。该带年均气温为 5～11℃，≥10℃积温为 2000～3000℃，年降水量为 2000～2500mm，相对湿度为 55%～75%，植被以栎类、桦木、松科和槭树科为主。土壤的成土母质为灰岩和砂岩及其坡积物。

A_{00}	2～5cm
A_0	5～8cm
A	20～30cm
B_1	30～40cm
B_2	50～60cm
C	80～90cm

图 1.12　洗象池棕壤剖面图

山地棕壤的剖面特征如图 1.12 所示。①A_{00} 层：枯枝落叶层，厚 2～5cm。②A_0 层：半分解层，厚 5～8cm。③A 层：腐殖质层，厚 20～30cm，有机质含量为 5%～15%，呈棕褐色到棕黑色；土壤呈小团粒至粒状结构，质地为轻壤至中壤。④B_1 层：心土层(黏粒层)，厚 30～40cm，呈棕褐色，鲜棕色；土壤黏粒下移淀积明显，黏粒含量>30%，质地黏重；土壤呈棱块状、块状结构，表面覆膜，有铁锰结核出现。⑤B_2 层：底土层，厚 50～60cm，呈褐黄棕色；土壤有弱黄化作用发生，质地黏，呈块状结构。⑥C 层：母质层，厚 80～90cm。

据化学分析，山地棕壤 pH 为 5.5～7.5，活性铝含量低，硅铝率为 2.9～3.6，黏土矿物以伊利石、蒙脱石为主，高岭石次之，阳离子代换量为 15～50mg 当量/100g 土，盐基饱和度为 40%～90%。由于腐殖质下移染色深，土壤通常以棕色为其显著特征。

4. 山地暗棕壤

山地暗棕壤分布在洗象池—太子坪，永庆寺，卧云庵一线。自然带为山地针阔叶混交林冷湿温带，该带年均气温为 4～8℃，≥10℃积温为 1500～2000℃，年降水量＞2500mm。植被主要为冷杉、云杉、桦木类、栎类等，树下多箭竹、杜鹃和大量的地衣苔藓。土壤的成土母质为灰岩、砂页岩、白云岩、玄武岩等坡积、残积物。

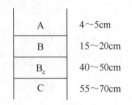

图1.13　山地暗棕壤剖面图

山地暗棕壤的剖面特征如图1.13所示。①A层：枯枝落叶及半分解层，厚4～5cm，深褐棕色，时有白色菌丝出现。②B层：淀积层，15～20cm，灰棕色，浅棕色；有弱淀积现象，土壤质地较黏重，块状结构，结构体表面铁锰胶膜不明显。③B_c层：过渡层，厚40～50cm，呈黄棕色，具有黄棕壤的一些特征。④C层：母质层，厚55～70cm，呈黄棕色。

据化学分析，山地暗棕壤的pH为4.5～5.5，Si/R_2O_3含量比为2.5～4.4，阳离子代换量为24～33mg当量/100g土，盐基饱和度为60%～80%，该带土壤具有弱腐殖化、弱黏化和轻度淋溶的特征。

5. 山地草甸土

山地草甸土零星分布在海拔2900m以上的太子坪、卧云庵至万佛顶等地。自然带为寒温带冷湿气候带，发育亚高山灌丛草甸。土壤的剖面构型为A—B_c—C型。表土层有机质厚15～25cm，呈暗灰色至暗棕色，土壤为团粒和粒状结构。B_c层（过渡层）呈棕色或灰色。

峨眉山土壤的垂直分异与自然带垂直分异两者之间相互联系、相互统一。土壤风化作用强度、土壤发育成熟度、成土过程的变化均表现为垂直变化的规律。从山脚到山顶，腐殖质分解渐弱而积累渐强，脱硅富铝化过程减弱，pH增大，黏土矿物从以高岭石为主逐渐过渡到以伊利石或蒙脱石为主。

1.6　生　　物

1.6.1　植物

地质环境及其演化对峨眉山植被演化产生了重要的影响（庄平，1998）。在地质历史上，峨眉山所在区域曾为康滇古陆北缘，古热带植物区系丰富（四川植被协作组，1980）。在喜马拉雅山系形成过程中，伴随古地中海退却，包括峨眉山在内的康滇古陆植物区系与扬子古陆及冈瓦纳古陆的植物区系发生交流，使区系成分进一步多样化、复杂化（胡文光，1964；四川植被协作组，1980；刘照光，1985；王荷生和张镱锂，1994）。第四纪以来，新构造运动使山体剧烈抬升，在河流强烈侵蚀作用下，横断山东缘地貌与各种环境因子组合变得愈加复杂，当冰期来临时，这里成为许多古近纪—新近纪古老植物区系的避难所。冰期与间冰期的气候波动，又为物种的分化创造了有利条件。

峨眉山现今的生态环境具有以下特点（庄平，1998）：峨眉山所在的青藏高原外围山地区域处于我国重要的经向自然分界线附近，地形地貌、气候和自然植被具有明显的过渡性，是我国东部和西部植物区系交会、联系的纽带；区域纵向或近纵向排列的山脉形成阻碍经向物种传播的天然屏障，有利于南北物种的交流迁移；峨眉山及大相岭、邛崃山区域以东受岷江阻隔，以西及以南以大渡河为界，形成了一个自然环境相对隔离的植被小区（四川植被协作组，1980）；植被小区构成"华西雨屏带"的中心部位，降水量大、云雾多、日照少，为我国内陆地区罕见，为耐阴、湿植物类群的演化提供了独特条件；峨眉山孤峰屹立，相对高差达 2600m，自然垂直带比较完整，有利于物种的隔离与分化（胡文光，1964）；峨眉山地貌复杂，尤其是东坡及东北坡小生境分化强烈，适宜多种生活习性的植物生存与演化。

峨眉山现已知拥有高等植物 242 科 3200 种以上，分别占中国与四川省植物物种总数的 10%、30%。其中，种子植物 2400 多种，隶属 154 科 809 属；蕨类植物 425 种，隶属 46 科 110 属，分别占我国蕨类科、属、种数的 73.0%、48.2%、14.2%，占四川蕨类科、属、种数的 88.5%、86.6% 和 57.7%；藓类植物 349 种，隶属 46 科 161 属，占全国藓类植物科、属、种数的 75.41%、44.85%、17.86%。峨眉山特有种和中国特有种总计 320 余种，其中生长于峨眉山或首次在峨眉山发现并以"峨眉"命名的植物就有 100 余种，如假粗毛鳞盖蕨（俗名峨眉鳞盖蕨）（*Microlepia omeiensis*）、峨眉柳（*Salix omeiensis*）、峨眉楼梯草（*Elatostema omeiense*）、峨眉矮桦（*Betula trichogemma*）、峨眉八角莲（*Dysosma emeiensis*）等。受地形地势和局地气候影响，峨眉山世界遗产地内植物受第四纪冰川影响较小，依然保留着大量古近纪—新近纪及以前的且具有原始特征的古老物种，如侏罗纪的桫椤（*Alsophila spinulosa*）、古近纪—新近纪孑遗植物珙桐（*Davidia involucrata*）、连香树（*Cercidiphyllum japonicum*）、水青树（*Tetracentron sinense*）、领春木（*Euptelea pleiosperma*）等（姚小兰等，2018）。

峨眉山保存了典型的亚热带植被类型，具有原始的、完整的亚热带森林垂直带谱，与其他的典型山区具有一定的相似性（图 1.14）。峨眉山植物垂直分布明显，从低至高由常绿阔叶林—常绿落叶阔叶混交林—针阔叶混交林—亚高山针叶林形成了完整的森林垂直带谱，构成了生态多样的峨眉山自然景观（李旭光，1984）。有学者把峨眉山植物的垂直带谱划分为四个类型，即常绿阔叶林带（海拔 1500m 以下）、常绿落叶阔叶混交林带（1500～2000m）、针阔叶混交林带（2000～2500m）、寒温性针叶林带（2500～3099m）；另有学者把峨眉山植被垂直带谱划分如下（图 1.15）：常绿阔叶林与人工植被（400～900/1000m），常绿阔叶林（900/1000～1500m），常绿阔叶、落叶阔叶混交林（1500～1900/2100m），针阔叶混交林（1900/2100～2800m），亚高山灌丛草甸、高山针叶林（>2800m）。

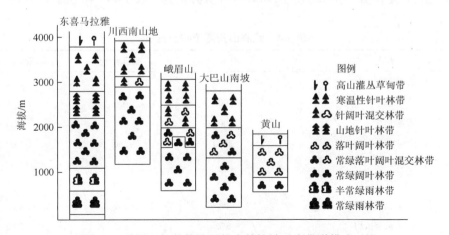

图 1.14　峨眉山与其他地区的森林植被垂直带谱模式对比

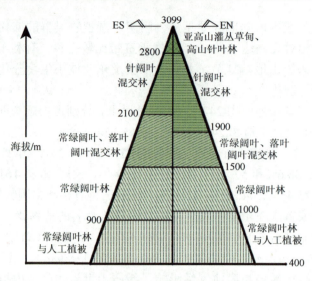

图 1.15　峨眉山植被垂直带谱（单位：m）

　　峨眉山植物种类丰富，具有较高的科研价值、观赏价值和经济价值。统计数据显示峨眉山分布有资源植物 2000 余种，占峨眉山高等植物种类的一半以上，占我国资源植物的 15% 左右，其中药用植物达 1600 余种，隶属 212 科 868 属，其中包括天麻、杜仲、厚朴、三七和峨参等多种名贵的药用植物资源。峨眉山的野生观赏植物资源丰富，如珙桐、峨眉桃叶珊瑚、川八角莲、峨眉红山茶、红花五味子以及兰科、杜鹃花科和报春花科等的多种植物均具有较高的观赏价值。峨眉山的粮、果、蔬菜及饮料用植物资源丰富，比较典型的粮类野生植物资源有栗、锥栗、薯蓣和银杏等；果用植物资源主要包括悬钩子属、茶藨子属、蔷薇属、猕猴桃属、胡颓子属和四照花属等；峨眉山的蔬菜植物资源极为丰富，有 210 余种，分属 68 科 119 属，主要种类包括部分蕨类、蕺菜属、蓼属、藜属、马齿苋属与十字花科、景天科、伞形科、五加科、唇形科、菊科、百合科、鸭跖草科与禾本科植物等类群；峨眉山还拥有极其丰富的芳香植物、纤维植物、油脂植物、蛋白植物、鞣质植物、淀粉植物和维生素植物等多种资源植物（表 1.4）（李振宇和石雷，2007）。

表 1.4　峨眉山资源植物一览表

类别	中国/种	峨眉山/种	峨眉山占比/%
1. 药用植物	5000	1612	32.2
2. 园林植物	3000	436	14.5
3. 芳香植物	1000	285	28.5
4. 食用植物	2000	260	13.0
5. 其他植物			
（1）纤维植物	483	160	33.1
（2）鞣质植物	280	136	48.6
（3）油脂植物	379	125	33.0

类别	中国/种	峨眉山/种	峨眉山占比/%
（4）蛋白植物	270	116	43.0
（5）淀粉植物	137	81	59.1
（6）植物胶、果胶植物	162	68	42.0
（7）维生素植物	90	52	57.8
（8）色素植物	89	45	50.6
（9）树脂植物	49	24	49.0
（10）糖类与甜味剂植物	53	15	28.3
（11）橡胶、硬质胶植物	35	5	14.3

1.6.2　动物

　　峨眉山得天独厚的自然条件及丰富多样的植物为种类众多的野生动物的栖息、繁殖提供了一个优越的生态环境。全山共有 3200 余种野生动物，在脊椎动物中，属哺乳纲的有 7 目、23 科、51 种及亚种。鸟纲为最大的纲，有 16 目、43 科、256 种及亚种，其中属中国特产的 27 种，国家保护的 17 种，地模标本 7 种；爬行纲有 2 目、10 科、34 种及亚种；两栖纲有 2 目、7 科、33 种及亚种，其丰富繁多为全国罕见。四川的两栖动物为全国之冠，而峨眉山的两栖动物占四川省的两栖动物的 36.7%；具有中国特色的角蟾亚科有 10 种，也占整个四川省的 1/3。在节肢动物中，以昆虫纲鳞翅目的蝶类最为著名，约有 268 种之多，以中华枯叶蛱蝶和凤蝶最著名优美。峨眉山已列入国家重点保护动物的有 29 种，占全国保护动物总数的 12.08%，其中一级 2 种，二级 27 种，分别占全国 2.2% 和 18%。珍稀特产和以峨眉山为模式产地的有 157 种。

第 2 章　峨眉山市地质环境概况

2.1　地　　层

根据峨眉地区地质调查和研究成果，峨眉山市除志留系、泥盆系和石炭系之外，其他时代地层均有出露（图 2.1）。其中，震旦系—中三叠统主要为浅海相沉积，上三叠统为海相转陆相的过渡性沉积；侏罗系—白垩系主要为河湖相沉积；新近系及第四系主要为冲洪积及冰水沉积。海相地层主要出露在中高山区，陆相地层主要分布在低山、丘陵和平原。区内地层由老到新介绍如下[1][2]（邓江红等，2013）。

1. 元古宇（PT）

峨边群地层划分及其对比至今仍未统一，前人根据岩石变质程度及地层之间的接触关系，将峨边群由下至上划分为烂包坪组、枷担桥组、冷竹坪组。

（1）烂包坪组（Ptln）：分布在冷竹坪背斜的北翼及黑山埂背斜等地，是峨边群中分布较广的地层单元。下部为一套绿、绿灰色流纹质、安山质、玄武质凝灰岩，凝灰砂砾岩及变质玄武岩等互层，底部为一套砾岩；上部为浅绿、紫灰、紫红色变质玄武岩、玄武凝灰岩等互层。

（2）枷担桥组（Ptj）：分布在冷竹坪复式背斜的大部分区域，分为三段。

枷担桥组三段（Ptj^3）：为紫、绿色板岩段。以灰白—深灰色中层—厚层状、块状白云岩和矽卡岩化白云岩为主。上部夹少量黑色碳质板岩、砂质板岩和薄层状细—粉砂岩。中下部白云岩内具有矽卡岩化交代现象。

枷担桥组二段（Ptj^2）：为黑色板岩段。以黑色、深灰色碳质板岩、砂质板岩为主。夹薄—中层状碳泥质微晶灰岩、含碳泥质岩屑砂岩和砂岩。部分地段夹安山集块岩、凝灰岩。

枷担桥组一段（Ptj^1）：为白云岩段。为灰白—深灰色中层—厚层状、块状白云岩和矽卡岩化白云岩。上部夹少量黑色碳质板岩、砂质板岩和薄层状细—粉砂岩。中下部白云岩内具有矽卡岩化交代现象。

（3）冷竹坪组（Ptl）：仅见于冷竹坪复式背斜核部。出露在白沙槽—元宝山—冷竹坪—圈子厂一线。由一套暗紫—紫灰、绿灰—深绿色气孔状、杏仁状、致密状、斑状蚀变玄武岩、玄武质英安质岩屑、晶屑凝灰岩及紫色玄武质火山角砾岩组成。其中常见侵入的辉绿岩和斜长斑岩的岩脉。

---

① 四川省地质局第二区域地质调查测量队革命委员会. 1971. 峨眉幅 H-48-XX 1/20 万区域地质测量报告（地质，矿产）.

② 饶明鑫. 1989. 峨眉幅 H-48-87-B 龙池幅 H-48-87-D 1/5 万区域地质调查报告：地质部分.四川省地矿局 207 地质队.

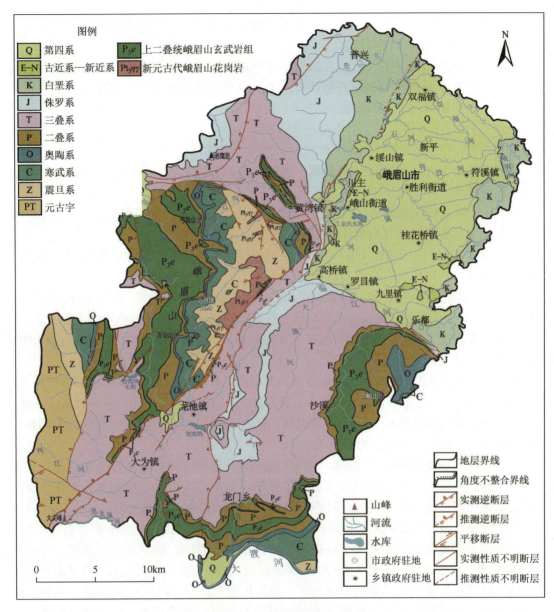

图 2.1　峨眉山市地质简图

2. 震旦系（Z）

区内震旦系包括灯影组和观音崖组，主要分布在峨眉山背斜核部，包括长老坪和天池峰等地，其中灯影组分三段组成。

（1）上震旦统灯影组三段（Z_2d^3）：岩性为灰、深灰色中—厚层状白云岩夹藻屑白云岩、硅质白云岩及硅质条带；底部为薄板状泥质白云岩。

（2）上震旦统灯影组二段（Z_2d^2）：岩性为灰白、灰色花边状、葡萄状、层纹状富藻白云岩；底部为一层亮晶鲕粒白云岩。

（3）上震旦统灯影组一段（Z_2d^1）：岩性为灰、深灰色中—厚层状泥质粉晶白云岩；底部为黑色厚—巨厚层砾状白云岩。

（4）下震旦统观音崖组（Z_1g）：属潮坪相地层，下部为灰白色白云质石英细砂岩与中厚层白云岩互层，底部为含砾石英砂岩；上、中部为浅灰色薄—中厚层状白云岩、藻屑白云岩；上部夹薄层岩屑白云岩。

3. 寒武系（Є）

寒武系主要分布在峨眉山背斜两翼，包括洗象池、西王庙、陡坡寺、遇仙寺、九老洞和麦地坪等地。

（1）中上寒武统洗象池群（$Є_{2-3}x$）：属潮坪相地层，岩性为灰、浅灰色薄—厚层状粉晶白云岩，局部夹石英砂岩透镜体及硅质结核，含藻类化石。

（2）中寒武统西王庙组（$Є_2x$）：属潮坪相地层，岩性为紫红色泥质粉砂岩，白云质粉砂岩夹白云岩，局部夹石膏薄层。

（3）中寒武统陡坡寺组（$Є_2d$）：属陆棚相地层，下部为杂色粉砂岩、泥岩夹粉晶白云岩，上部为灰黄色薄—中厚层状泥质白云岩与砂质白云岩互层，顶部为灰绿色页岩、粉砂岩。

（4）下寒武统龙王庙组（$Є_1l$）：属咸化浅海相地层，岩性为浅灰白色含陆屑的砂泥质白云岩夹数层碎屑岩，局部含膏岩层。

（5）下寒武统沧浪铺组（$Є_1c$）：属咸化浅海相地层，该地层下部为杂色长石岩屑砂岩、白云石粉砂岩、粉砂质泥岩不等厚互层；上部为含砾岩屑砂岩；顶部为粉晶—砂屑白云岩。

（6）下寒武统筇竹寺组（$Є_1q$）：属海湾—陆棚相地层，岩性为灰、黄绿色泥质粉砂岩、粉砂岩，上部产丰富的三叶虫化石。

（7）下寒武统麦地坪组（$Є_1m$）：属低—中能潮坪海湾相地层，下部为灰、深灰色薄—中层状砂屑白云岩夹硅质白云岩及胶磷矿条带、局部磷块岩；上部为灰、深灰色中厚—厚层状细晶白云岩及含胶磷矿砾屑不等晶白云岩夹少量水云母黏土岩。

麦地坪震旦系—寒武系地质剖面，位于峨眉山市区以南15km的高桥乡余山、张沟一带。最早由中国地质学家赵亚曾、谭锡畴、李春昱进行研究。该剖面出露良好，层序完整。1973年，成都地质学院师生在原麦地坪组以下13m处发现小壳化石，将该组底界下移13m，引起国际地质科学界的高度关注。成都地质学院于1978年和1982年两次组团到现场进行实地考察，并将该剖面列为国际五个震旦系—寒武系界线层型剖面候选点之一，认为该剖面是研究该系地层、藻类化石、潮坪沉积环境的理想剖面。

4. 奥陶系（O）

（1）下奥陶统大乘寺组（O_1d）：分布在大乘寺、石子坪等地，为一套陆棚相地层，岩性为灰绿、黄灰色页岩、泥质粉砂岩夹细砂岩，产丰富的三叶虫、笔石化石。

（2）下奥陶统罗汉坡组（O_1l）：分布在罗汉坡和筲箕背等地，为一套陆棚—滨浅海相地层；下部为杂色白云岩、灰岩与砂岩互层；上部为杂色砂岩、砂质泥岩；化石带自下而上分为笔石 *Rhabdinopora flabelliformis* 延限带，三叶虫 *Wanliangtingia-Loshanella loshanensis* 和 *Chunkiangaspis sinensis-Lohanpopsis lohanpoensis* 组合带及头足类 *Cameroceras* 延限带。

5. 二叠系（P）

（1）上二叠统宣威组（P_3x）：分布在龙门洞等地，为一套沼泽—河流沼泽相地层。岩性为紫红、灰绿、黄绿等色的砂岩、粉砂岩、泥岩及煤线的旋回层；底部为玄武岩的古风化壳，含少量铜、铁、铝土矿等物质；具有斜层理、冲刷面等构造；产植物化石。

（2）上二叠统峨眉山玄武岩组（P_3e）：主要分布在龙门洞及金顶等地，属陆相喷发—滨海沼泽相。岩性主要为深灰色微晶、隐晶、斑状、杏仁状玄武岩旋回层；具有柱状节理；底部有厚约 1m 的铝土质黏土岩、碳质页岩夹煤线层；产植物及腕足类化石。

（3）中二叠统茅口组（P_2m）：主要分布在峨眉山、二峨山和龙池等地，为一套海相地层。岩性以深灰色、灰色中—块状灰岩为主，夹薄层泥灰岩，含燧石条带或结核，灰岩中普遍含沥青质；产珊瑚、腕足、蟆及苔藓虫等化石。

（4）中二叠统栖霞组（P_2q）：主要分布在新开寺、笤箕背和白云寺等地，为一套海相地层。岩性以灰、深灰色中—厚层状灰岩为主，夹少量泥灰岩，上部含燧石结核，灰岩中普遍含沥青质；产珊瑚、腕足、蟆及苔藓虫化石。

（5）中二叠统梁山组（P_2l）：空间分布与栖霞组大体一致，为一套滨海沼泽相地层。岩性为灰、灰黑色页岩、泥岩，夹少量砂岩及粉砂岩；局部夹煤线；产腕足类化石；含星散状黄铁矿。

6. 三叠系（T）

（1）上三叠统须家河组（T_3x）：分布于龙池、高桥和净水等地。中上部可分五段，二、四段以泥岩为主，具多层可采煤层，产双壳类、植物化石，为沼泽相；其余段为灰岩、黄灰色砂岩、粉砂岩、泥岩的旋回层，底有硅质细砾岩，属河流相。下部为灰、深灰色砂岩、粉砂岩、碳质页岩及劣质煤层或煤线的旋回层，底部见厚层硅质石英砂岩；产双壳类及植物化石，属滨海—滨岸沼泽—河流相。底部为深灰色、灰黑色薄—中层灰岩，泥灰岩与泥岩或页岩的韵律层覆于硅质细砾岩之上，产双壳类、菊石等化石，属海相。

（2）中三叠统雷口坡组（T_2l）：分布于中低山区，属咸化潟湖相。底部为浅绿灰色水云母黏土岩（"绿豆岩"）、云泥岩、纹层状及中层状白云岩；中部以灰岩为主；上部为白云岩、含石膏白云岩夹膏溶角砾岩；具有斜层理、微波状、微细水平层理和鸟眼构造等；产腕足类、海百合茎化石。

（3）下三叠统嘉陵江组（T_1j）：分布在大山岗、向家店、纯阳殿和万山等地，属海相地层。嘉陵江组下部为黄灰色白云岩夹云泥岩；中部为灰紫色灰岩及泥灰岩；上部以黄灰色白云岩为主夹紫红色膏溶角砾岩；具潮汐层理、渠迹、鸟眼及格子状构造等；产双壳类、腕足类及遗迹化石等。

（4）下三叠统飞仙关组（T_1f）：分布在龙池、沙溪和大为等地，属河口湾相地层。岩性为灰白色灰岩与紫红色砂岩、粉砂岩、泥岩的旋回层；顶部为含玉髓砾石的砂岩、粉砂岩、泥岩的旋回层；具有潮汐、包卷层理，重荷模、泥裂、波痕及缝合线构造等；产双壳类、腕足类及遗迹化石。

（5）下三叠统东川组（T_1d）：分布在黑水岗、五显岗和龙门洞水电站等地，属河流相地层。岩性为紫红色砂岩、粉砂岩及泥岩的旋回层；具有大型板状、槽形、平行层理，冲刷面、波痕、泥裂等构造。

峨眉山龙门洞的三叠系地质剖面是四川省典型的地质剖面。1979 年，中外地质学家到此现场教学，指出该剖面层序完整、出露良好、界线清楚、化石丰富、海陆相兼备，是世界上少见的三叠系典型沉积相标志剖面。1985 年，四川省人民政府将该剖面列为四川省重点保护地质剖面。

7. 侏罗系（J）

（1）上侏罗统蓬莱镇组（J_3p）：分布于川主庙和瓦窑坪等地，属湖泊相。岩性以紫红色泥岩为主，夹粉砂岩及少量细砂岩，偶夹灰岩团块或薄层；发育微波状层理；产双壳类、介形虫为主的化石。

（2）上侏罗统遂宁组（J_3sn）：分布于瓦窑坪、报国寺和庙儿岗等地，属河泛平原河漫滩相。露头狭窄，岩性以鲜艳的砖红色泥岩为主，夹少量砂岩、粉砂岩及薄层泥灰岩，泥裂发育；产介形类化石。

（3）中侏罗统沙溪庙组（J_2s）：分布于川主和普兴等地，属河流相，分为上下两段。

沙溪庙组上段（J_2ss）：紫灰、灰绿、紫红色的砂岩、粉砂岩、泥岩的旋回层；上部夹少量泥灰岩；底部为厚约 10m 的灰黄色厚层砂岩；可见斜层理、楔形层理和平行层理。

沙溪庙组下段（J_2xs）：灰绿、灰黄、紫红色砂岩、粉砂岩、泥岩的旋回层；底部有 20m 厚灰白色厚层砂岩；顶部为含叶肢介化石的泥岩（湖泊相）；可见斜层理和平行层理。

（4）中—下侏罗统自流井组（$J_{1-2}z$）：分布于川主等地，主要为中厚层状钙质石英砂岩、黏土质粉砂岩，含瓣鳃类化石。

（5）下侏罗统珍珠冲组（J_1zn）：分布于净水及川主等地，为黄灰、灰绿色中—块状粗粒铁质岩屑石英砂岩夹粉砂质泥岩，底部砾岩含菱铁矿结核。

8. 白垩系（K）

（1）上白垩统灌口组（K_2g）：分布于红卫、汪坪和黑桥等地，属咸化湖泊相，岩性为砖红色、紫红色中—厚层粉砂岩、泥岩，岩层中含石膏晶粒、膏盐晶洞，上部夹少量灰岩、白云岩及薄层石膏。

（2）下白垩统夹关组（K_1j）：分布于双邑、冷风和斗量等地，属河流相，岩性为砖红色厚块状砂岩夹粉砂岩及薄层泥岩，底部具层间砾岩，具大型交错、平行、槽形层理，波痕、泥裂及冲刷面构造；产介形虫、鱼、恐龙足迹化石等。

（3）下白垩统天马山组（K_1t）：分布于一碗水、尖峰顶和上元山等地，属河湖相，岩性以棕红、砖红色泥岩、砂质泥岩为主，夹同色含长石石英砂岩或者钙质砂岩，夹层以该组下部出现较多、局部具底砾岩。

9. 古近系—新近系（E—N）

（1）上新统凉水井组（N_2l）：分布在凉水井等地，属河流相，岩性为半胶结的砾石层、粉砂质黏土层，产植物化石。

（2）古新统—始新统名山组（$E_{1-2}m$）：分布在川主等地，属半咸化湖泊相，岩性为砖红色中—厚层砂岩，下部夹薄层泥岩，上部夹粉砂岩及细砂岩。

10. 第四系（Q）

（1）全新统（Q_4^{pal}）：主要分布在峨眉河、双福河、临江河、龙池河及支流两岸，为紫色、黄色冲洪积物。

（2）上更新统（Q_3^{pl}）：主要分布在罗目、九里、燕岗、高桥、双福和新民等地的峨眉平原黄泥台地冲洪积扇上，高出河面 6～20m，发育多元结构。

（3）中更新统（Q_2^{fgl}）：主要分布在十里山、机砖厂、猫儿岗和大南等地，为冰水沉积层，自上而下为亚黏土层、砂、黏土充填的砾石层，局部为泥砾层。

2.2　岩　浆　岩

峨眉山地区的侵入岩主要为峨眉山花岗岩，喷出岩为峨眉山玄武岩。

峨眉山花岗岩位于峨眉山背斜核部，因遭受剥蚀出露于张沟、洪椿坪、石笋沟等地，不整合伏于上震旦统观音崖组之下，在张沟出露面积最大，约 $7km^2$，其余地区不足 $1km^2$。峨眉山花岗岩分为似斑状正长花岗岩和似斑状二长花岗岩两种类型。

（1）似斑状正长花岗岩：新鲜面呈肉红色，似斑状结构，基质具细粒花岗结构，块状构造。主要矿物成分为钾长石、石英、黑云母。

（2）似斑状二长花岗岩：新鲜面呈灰白色，似斑状结构，块状构造。主要矿物为钾长石、斜长石、石英、黑云母（陆超等，2021）。

峨眉山玄武岩形成于晚二叠世早期，是大陆裂谷环境下的喷溢产物，广布于滇、黔、川一带，面积 30 万 km^2，残存厚度仍有 2900m（攀枝花市盐边县）。峨眉山地区的玄武岩南至大为，东抵沙湾三峨山，西达若篙坪，面积约 $200km^2$。清音水电站剖面实测厚度约为 260m。以万佛顶为主峰的峨眉山由玄武岩构成，在地貌上形成了单面山。峨眉山玄武岩根据其结构、构造可分为斑状玄武岩、微晶玄武岩及杏仁状玄武岩等。

斑状玄武岩：是本区玄武岩的主要类型，呈青灰、灰绿、暗绿色，常具五边形、六边形粗大柱状节理构造，在金顶金刚嘴最为典型。斑晶成分为斜长石，基质为斜长石、辉石、绿泥石、玄武玻璃等。

微晶玄武岩：一般为青灰、浅绿灰、绿黑等色，主要矿物成分与斑状玄武岩相似，常形成细长柱状节理，在清音水电站一带最为明显。

杏仁状玄武岩：岩石中杏仁体含量一般为 12%左右，高可达 30%～35%，形状多样、大小不一，杏仁体成分以石英、方解石、绿泥石、蛋白石居多。

2.3　地　质　构　造

在大地构造位置上，峨眉山市属于峨眉山—瓦山断块的一部分，隶属于川滇南北构造带北段，境内构造形迹以南北向为主，兼有北西向和北东向构造，地质构造以断裂为主，褶皱构造形态复杂多样（图 2.2）。

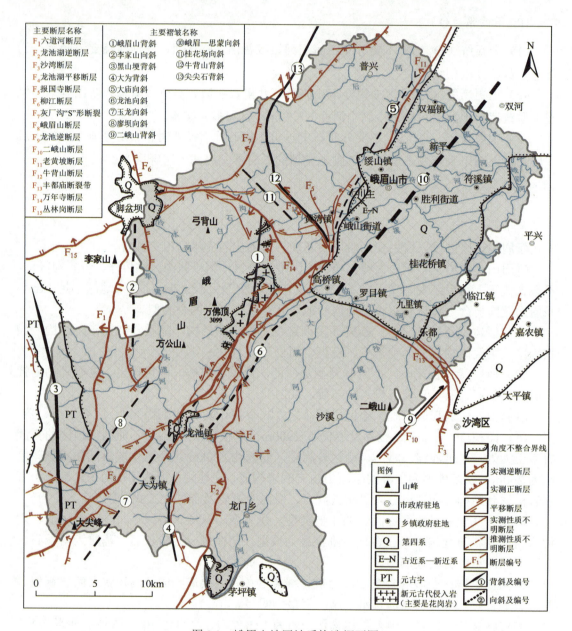

图 2.2　峨眉山地区地质构造纲要图

2.3.1　南北走向构造

南北走向构造分布在峨眉地区西部（103°30′E 以西），具有一级构造意义，与其相伴随的有东西或近于东西向的张性或张扭性断裂和北西向或北东向扭断层。南北向构造被丰都庙—麻子坝—张村之间的北西西向的逆冲断裂切割成南北两部分，其南北情况有所不同。

1. 南段

南段主要褶皱有峨眉山背斜、李家山向斜、黑山埂背斜等。

（1）峨眉山背斜：褶皱轴向近于南北，延长约 11km。核部地层为震旦系，部分因剥蚀而出露峨眉山花岗岩。两翼依次为寒武系、下奥陶统、二叠系。背斜较开阔，两翼较对称，翼角约 20°。

（2）李家山向斜：轴向南北延伸约 10km。核部出露最新地层为二叠系沙湾组，因断层破坏，出露不全，两翼依次为二叠系玄武岩及茅口组灰岩、下奥陶统等。向斜两翼平缓，翼角 8°～15°。

（3）黑山埂背斜：延长约 23km，轴向近南北，核部为元古宇峨边群，东翼倾角 25°，西翼倾角 55°，为一斜歪背斜。

南段主要断层有六道河断层和报国寺断层等。

（1）六道河断层：走向近南北，延伸约 20km。断层发生于二叠系之间，将李家山向斜核部的沙湾组破坏，与玄武岩直接接触，造成地层不连续，断层面向西倾，几乎直立，断层西盘上升，为一逆断层。

（2）报国寺断层：出露于报国寺西缘，走向近于南北，长约 8km。南边被峨眉山断层截断，断层发育在中上三叠统、中侏罗统、下白垩统。

2. 北段

北段断层主要为柳江断层。该逆断层断面近直立，倾角 80°～90°，总倾向向西，断层由西向东仰冲，西盘微向南滑动。

2.3.2　北东走向构造

主要分布在峨眉地区东部（103°15′E 以东），走向在 20°～40°。主要褶皱有大庙向斜、龙池向斜、玉龙向斜、廖坝向斜、二峨山背斜、峨眉—思蒙向斜等。主要断层有峨眉山断层、龙池断层、二峨山断层、老黄坡断层等。

1. 褶皱

（1）大庙向斜：轴迹北东 20°延伸长约 18km，核部出露上白垩统灌口组砂岩，两翼基本对称，两翼倾角 40°～60°。

（2）龙池向斜：轴迹呈北东 40°延伸长约 16km，核部地层为上三叠统须家河组。其北西翼受龙池断层和峨眉山断层的冲断、挤压，地层均已倒转，由于遭受压、张、扭等各种断裂错切，显得支离破碎。向斜南东翼产状正常，地层正常产状 10°～25°。向斜南西端在龙池附近翘起，北东端被第四系覆盖。

（3）玉龙向斜：位于峨眉山断层南西段的南东侧，并与之平行，是一个大致对称的向斜。两翼地层产状均在 40°～50°。核部为下三叠统须家河组下段，两翼为中、下三叠统。

（4）廖坝向斜：位于峨眉山断层南西段的北西侧，并与之平行。轴向北东 32°延伸长达 10km，为一平缓的大致对称的向斜。两翼倾角一般为 10°，核部地层为中三叠统雷口坡组，两翼依次为下三叠统和二叠系，它的北东端于苦蒿坪一带收敛。

（5）二峨山背斜：位于二峨山主脉的南东侧，轴向东北 40°延伸 17km。两翼大致对称，倾角约 20°。由于核部发生逆断层运动，下盘局部变陡为 30°～40°。核部为寒武系或奥陶系，两翼依次为二叠系和三叠系。

（6）峨眉—思蒙向斜：分布于东北部，沿峨眉—夹江—思蒙延伸约 16km，走向 30°，为龙池向斜向北东向的延续。

2. 断裂

（1）峨眉山断层：延伸总长 32km，走向北东 40°，断层面向北西倾斜，倾角 50°～70°，它的垂直断距很大，前震旦纪花岗岩逆冲到上三叠统须家河组之上。在主断裂两侧，常见于其相互平行的断裂组成的断裂带。断裂带内的岩石受强烈挤压而破坏。在南西边缘，玉龙以西被扭性断层错开约 400m，断层的北东方向掩于第四系之下。

（2）龙池断层：与峨眉山断层平行，可见延伸 12km，断层发育在龙池向斜近核部的上三叠统须家河组中，断面倾角较峨眉山断层更陡。

（3）二峨山断层：发生于二峨山背斜核部，断层面倾向北西，倾角 60°～70°，由北西向南东俯冲，两翼不对称，可见延长 15km。

（4）老黄坡断层：位于夹江县城西千佛岩至峨眉西大庙之间。长度约 18km，走向 30°，倾向北西，倾角约 30°，属低角度逆断层。白垩系的夹关组逆冲于灌口组之上，或灌口组下段逆冲于灌口组上段之上，上盘地层产状正常，下盘地层则变陡甚至倒转。

2.3.3　北西西走向构造

分布在峨眉地区西南部（29°40′N 以南，103°40′E 以西），主要褶皱有桂花场向斜和牛背山背斜等，主要断层有牛背山断层、丰都庙断裂带、万年寺断层、丛林岗断层等。

1. 褶皱

（1）桂花场向斜：为一平缓向斜，展布于桂花场一带，可见延伸约 6km，走向 310°，脊线向北西倾斜。向斜全为下三叠统组成。南东翼倾角 10°～20°，北西翼倾角 20°～60°，两翼略不对称。

（2）牛背山背斜：位于桂花场向斜北东侧，走向为 320°，延伸 4km，核部出露中二叠统的茅口组灰岩，两翼依次出现玄武岩、宣威组和下三叠统飞仙关组。二叠系—三叠系均自行圈闭。此背斜比较紧密，南东段的北东翼地层倒转，北西段对称，倾角为 50°～70°。核部发生冲断，并有一系列走向东西的扭性断层。

2. 断裂

（1）牛背山断层：发生在牛背山背斜核部，断层倾向北东，断距不大。在挖断山及其北边也有东西向扭性断层将其错切。

（2）丰都庙断裂带：丰都庙—青龙场之间有一组走向大致290°的断裂，组成宽200～500m复杂的断层破碎带，断裂带内地层均发生倒转破裂，断裂带北东侧为侏罗系—白垩系，其走向与断裂带直交。南西侧寒武系—二叠系，则斜交或大体平行，而断裂带内的破碎地层，二叠系—白垩系各层均与断裂带走向大体一致。断裂带微显弧形，凸向北东。断裂带南侧为耸峻高山，北侧为浅丘和平原。从断裂带内地层的倒转情况看出，南盘向北北东方向强烈逆冲，同时南、北两盘分别向东、西相互扭动。

（3）万年寺断层：向北东凸出的弧形断层，走向延伸13km。南东翼在清音阁以南的震旦系中，向北延伸至万年寺逐步转向正西而消失。在脚盆坝第四系冰碛层之下，断层面倾向南。

（4）丛林岗断层：延伸约10km，走向70°～80°，倾向北，倾角50°～60°，北东段位于脚盆坝冰碛层下。

2.3.4　其他构造

尖尖石反"S"形褶皱由一个反"S"形背斜和一个向斜组成。背斜和向斜分别命名为尖尖石背斜和南安向斜。

（1）尖尖石背斜：南段走向北西320°，与牛背山背斜为重接关系，脊线向低处倾没，并逐渐向北北西偏转，在灰厂沟转向为北东 25°～30°，构成向西凸的弧形。北东走向段为中段。至尖尖石山峰，背斜轴线转向北北西 340°，呈一向东凸弧形，北西伸展到洪雅县城东北新庙一带倾没，此段为北段。在尖尖石以西和灰厂沟以东的内弧地带，地层松弛，弧顶的外侧地层挤压并发生小型逆断层。

（2）南安向斜：分为两段，南安的南轴向北东，同尖尖石背斜中段平行，南安以北轴向尖尖石背斜北段大致平行。向斜两翼地层产状大致对称，均在 5°～15°。

2.4　新构造运动与地震

2.4.1　黄湾阶地

新构造运动主要表现在黄湾地区地层有 5 次大规模的抬升。在喜马拉雅运动过程中，由印度板块和欧亚板块的碰撞产生新构造运动，使峨眉山地区强烈抬升，导致河流下切，加上河流侵蚀与冲积作用，形成沿峨眉河两岸发育有五级阶地。其下覆盖有第四系堆积物。因为地势平缓，成为人类活动频繁的区域（冯陵，1992），阶地具体情况见表2.1。

表 2.1　黄湾阶地旅游开发之前的特征

阶地等级	绝对拔河高程/m	相对拔河高程/m	阶地类型和基岩情况	阶地区域主要地名	农作物及利用情况
河漫滩	460	1	二元结构不明显，以磨圆较好、大小不一的砾石为主，没有成层的细粒物质层		草本植物茂盛，无农作物覆盖
I 级阶地	461～463	4	堆积阶地（泥岩为主，夹少量砂岩）	罗坝	地势比较平坦，但居民少，开发较少
II 级阶地	465～472	9	基座阶地（泥岩、砂岩）	老黄湾游田坝张坝	地势平坦，居民分布较密，分布有大片农用地，种植水稻、油菜、萝卜、橘子等
III 级阶地	480	20	基座阶地（以砂岩、泥岩为主，夹少量粉砂岩）	沙田坝姚坪	农作物茂盛，主要作为水田
IV 级阶地	490～500	35	基座阶地（主要为泥岩，夹有砂岩、粉砂岩）	梁坎龙门湾	农作物较茂盛，主要作为水田、旱地
V 级阶地	530～540	75	基座阶地（主要为砂岩）	刘坪、后坪、果儿寺	农作物较茂盛，主要作为旱地，且有大量果树

2.4.2　一线天

一线天峡谷位于清音阁之南约 1km 处，出露基岩为中二叠统灰岩，因峨眉山断块快速上升和龙门洞河支流的黑龙江水流的强烈下蚀等作用而形成悬崖耸峙、峡谷幽深、天仅一线的奇异景观。一线天峡谷宽约 4m，高 70m 左右，峡谷沿两组裂隙呈 "之" 字形转折，可见石钟乳和裂隙型溶洞，在峡谷内侧，可观察到倾角 60° 左右的岩层，倾向北东，岩层走向为北西（邓江红等，2013）。

2.4.3　溶洞

峨眉山地区可溶岩分布较广，岩溶地貌发育，岩溶洞穴主要有紫兰洞、灵仙洞、龙门洞。这一区域水系呈东西向分布，北侧为龙门洞河，南侧为临江河，按水系可将该区分为二峨山岩溶系统及挖断山岩溶系统。在峨眉山地区，溶洞可分为三层：第一层为二峨山紫芝洞、紫兰洞等，分布区海拔约 650m；第二层为九老洞、三霄洞，所在地海拔约 1700m；第三层是伏羲洞、女娲洞、鬼谷洞等，分布在海拔约 2100m 处。三层溶洞表明峨眉山地区至少发生过 3 次阶段性抬升（王小霞和夏克勤，2006）。

2.4.4　地震

据中国地震台网中心和美国地质勘探局数据统计，峨眉山及其周边 100km 地区自

1935 年 12 月至 2023 年 5 月发生面波震级（M_S）为 2.5 级以上地震 330 多次，其中 5.0 级及以上级别地震 35 次。自 2008 年"5·12"汶川地震以来，峨眉山及其周边区域发生 3.0 级（M_S）以上地震 230 多次，其中 5.0 级及以上级别地震 7 次。峨眉山市境内地震发生较少，统计数据仅显示 2020 年 1 月 12 日 17:40 在峨眉山大为镇发生 2.6 级（M_S）地震，震源深度 23km。根据峨眉山周边地区的地震发生情况，推测在峨眉山市南部靠近峨边县及金口河区的区域，另在西部靠近洪雅县的区域存在发生地震的风险（图 2.3）。

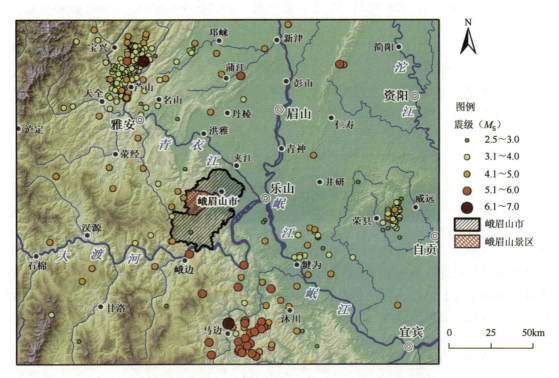

图 2.3　峨眉山市及周边区域 1935～2023 年地震分布图

2.5　矿　产　资　源

　　根据《峨眉山市矿产资源总体规划（2021—2025 年）》信息，峨眉山市主要矿产资源有水泥用灰岩、玄武岩、石膏、地热、铜矿、铅矿、锌矿、伊利石黏土矿等 13 种，主要矿产地有 19 处。主要矿产资源相对集中分布在九里镇、大为镇、龙池镇、高桥镇等。峨眉山市重点开发利用矿产资源包括地热、矿泉水、砖瓦用页岩、建筑用砂岩、建筑用玄武岩、水泥用或制灰用灰岩、水泥配料用砂岩、水泥配料用黏土、陶瓷用黏土矿、石膏、饰面石材等非金属矿产。截至 2020 年底，峨眉山市有矿山企业 39 家，开采矿种 12 种，全部为非金属矿种。主要矿产资源储量：水泥用灰岩 71835.9 万 t、石膏 19760.02 万 t、伊利石黏土 665.41 万 t、建筑用玄武岩 372.39 万 m^3、饮用矿泉水 66 万 m^3/a、医疗热矿泉水 175 万 m^3/a。

其中，煤矿主要产出于三叠系须家河组，分布在川主、龙池、高桥等地。铁矿产出于二叠系宣威组、峨眉山玄武岩组下部地层，分布在核桃坪、苦蒿坪、龙门场、狮子坪、沙溪、新桥、赵河沟等地。铜矿产出于二叠系峨眉山玄武岩组、二叠系沙湾组、三叠系嘉陵江组，分布在伍山、苦蒿坪、大为、龙门、牛背山、沙溪、水磨房等地。铅锌矿产出于震旦系灯影组，分布在茶地坪等地。耐火黏土、水泥配料用黏土和伊利石黏土主要产出于三叠系须家河组和侏罗系蓬莱镇组，分布在川主和龙池等地。水泥用砂岩、化肥用砂岩、陶瓷用砂岩、水泥配料用砂岩主要产出于下白垩统夹关组、上白垩统灌口组，分布在新庙子和罗沟等地。水泥用灰岩与制灰用灰岩产出于下二叠统，分布在九里镇、罗目镇和龙池镇等地。冶金用白云岩产出在震旦系洪椿坪组，分布在张山等地。建筑用玄武岩产出于二叠系玄武岩组，分布在青桐坡等地。石膏主要产出在三叠系雷口坡组，分布在大为镇、龙池镇等地。泥炭分布在七里坪等地的第四系中。磷矿分布在麦地坪和小坪子等地的寒武系麦地坪组中。地热分布与断裂构造相关，矿泉水分布与石灰岩分布有一定的相关性，两者主要分布在绥山镇、黄湾镇、高桥镇、龙池镇等地。另有部分矿泉水分布受构造影响，如灵仙洞处的矿泉水。

2.6　地质遗迹景观

参考世界自然遗产委员会自然遗产标准、国际地质科学联合会（International Union of Geological Sciences）地质遗迹标准和我国《国家地质公园规划编制技术要求》，可将峨眉的地质遗迹景观划分为地质（体、层）剖面、古生物活动遗迹、地貌景观、水体景观以及环境地质遗迹5大类、18个亚类，共60余处地质遗迹点（表2.2）。峨眉山沉积完整地层序列为区内各类地质遗迹提供了物质基础与前提条件，而中新生代以来的构造运动为地质遗迹的发育与分布提供了外动力条件。峨眉山的地质遗迹研究在古生物与地层学、沉积学、地球动力学、构造学等方面具有重要科学意义（刘仲兰等，2015）。

表 2.2　峨眉山地质遗迹景观分类表（刘仲兰等，2015）

大类	类	亚类	名称
地质剖面	1.地质剖面	（1）国际参考地层剖面	麦地坪震旦系—寒武系地层剖面
		（2）区域性标准剖面	龙门洞三叠系剖面
	2.岩浆岩剖面	（3）典型基性岩剖面	金顶玄武岩，舍身崖，金刚嘴，玄武岩柱状节理
		（4）典型酸性岩剖面	张沟峨眉山花岗岩，洪椿坪峨眉山花岗岩
	3.沉积岩剖面	（5）典型沉积构造剖面	万年寺三叠系交错层理，灯影组叠层石构造，三叠系泥包砂构造
		（6）断裂构造	峨眉山断层，大峨寺断层，牛背山断层，观心坡断层，万年寺断层，初殿断层
	4.构造形迹	（7）褶皱构造	峨眉山背斜，桂花场向斜，牛背山背斜，挖断山背斜
古生物活动遗迹	5.古生物遗迹	（8）古生物活动遗迹	龙门洞三叠系古生物遗迹，洪椿坪寒武系古生物遗迹
	6.古生物化石	（9）古生物化石	初殿化石路，主要有海相瓣鳃类、腹足类、有孔虫及牙形石；洪椿坪寒武系古生物化石剖面，主要有软舌螺和似软舌螺类、似牙形石类；原球壳类等

续表

大类	类	亚类	名称
地貌景观	7.岩石地貌景观	（10）岩溶地貌景观	仙灵洞，紫澜洞，九老洞，石笋峰，洗象池，脚盆坝地下河，石笋沟
	8.流水地貌	（11）流水侵蚀地貌	"普贤石船"，一线天，牛心石，龙门峡谷，雷洞坪峡谷
	9.构造地貌	（12）构造地貌景观	金顶—万佛顶夷平面，观心坡，九老洞—大坪夷平面，万年寺夷平面，五显岗夷平面，天门石（太子坪）
水体景观	10.泉水景观	（13）冷泉景观	玉液泉，虎溪鸣泉
		（14）温泉景观	灵秀温泉
	11.河流景观	（15）风景河段	九龙戏水（龙门洞），双桥清音，三江汇流
	12.瀑布景观	（16）瀑布景观	龙门飞瀑，观音飞瀑，二道桥瀑布
环境地质遗迹	13.地质灾害遗迹	（17）山体崩塌遗迹	金顶舍身崖
	14.采矿遗迹景观	（18）采矿遗迹景观	麦地坪磷矿遗迹，洪椿坪石灰矿遗迹

（1）古生物与地层学方面：峨眉山保存着超过 4 亿年的沉积记录，记录超过 8 亿年的地质历史，而且新生代的构造抬升使峨眉山成为四川盆地内最高峰，沉积地层得到最大程度的出露，可以作为上扬子地区地层序列的典型代表。其中尤以麦地坪震旦系—寒武系剖面和龙门洞三叠系剖面出露序列完整，古生物化石丰富。麦地坪剖面作为国际震旦系—寒武系层型参考剖面，早在 20 世纪 80~90 年代展开了大量的科学研究。总体上此剖面具有几个特点：层序清楚；震旦系—寒武系界线在沉积上是单向连续的；化石丰富，分布清楚，特别是富含软舌螺和似软舌螺类、原球壳类等小壳化石；交通方便，方便观察。龙门洞剖面三叠系剖面沿公路及龙门洞河畔连续出露，并且其地层近似直立，部分略有倒转。剖面层序完整、沉积相标志丰富，是研究三叠系的理想剖面之一。

（2）地球动力学方面：首先，峨眉山玄武岩是国内较典型、知名度最高、研究较深入的玄武岩，是研究地球深部动力学的重要窗口。其次，峨眉山玄武岩的喷发时间对应 Kiaman 负极性超静磁期的结束，对峨眉山玄武岩的地磁学研究在研究地磁场起源和演化方面具有重要意义。另外，峨眉山玄武岩的主相喷发时间约为 260Ma BP，与二叠纪晚期生物灭绝事件时间相当，它的研究在探讨二叠纪生物大灭绝及相应的地球动力学方面具有重要意义。除峨眉山玄武岩之外，峨眉山风景区内出露的峨眉山花岗岩，形成于 8 亿年前，作为扬子板块基底，对其研究可以为扬子板块的早期演化提供有力证据。

（3）沉积学方面：峨眉山丰富的古沉积构造可以作为古沉积环境恢复的典型实例，如龙门洞三叠系剖面由于其完整的层序出露是研究沉积岩的理想剖面，另外由于峨眉山持续的抬升运动，河流持续下切，形成"普贤石船"、双桥清音等典型的河流侵蚀遗迹也是研究河流侵蚀作用的理想场所。

（4）构造学方面：燕山运动、喜马拉雅运动所产生的峨眉山断层等地壳构造变形，为研究地壳的表层构造提供了充分的依据。特别是在喜马拉雅运动过程中，由印度板块和欧亚板块碰撞引起的地壳向东挤出导致峨眉山断裂和褶皱系统发育，因而对峨眉山地区的构造解析可以对该重要的大陆动力学提供有力证据。

2.7　地　质　灾　害

　　据中国地质调查局成都地质调查中心研究成果，峨眉山市境内复杂的自然地质环境为地质灾害的发生提供了条件。近年来，随着经济的发展，公路交通、景区开发、矿山开采、水利水电建设项目日益增多，区内森林、植被等生态环境、斜坡微地貌等不同程度遭受破坏，加剧了局部区域地质灾害的发生。境内地质灾害主要为滑坡、崩塌、不稳定斜坡、地面塌陷，共发育地质灾害 198 处，具有点多面广、分布不均、局部集中等特点（图 2.4）。以滑坡最多，共计 100 处，崩塌（危岩）65 处，不稳定斜坡 25 处，地面塌陷 8 处。地质灾害在坡度＞50°、坡高＞250m 的高陡斜坡区域，坚硬薄层—厚层状砂岩、粉砂岩夹白云岩、灰岩岩组分布区，线状构造密度＞1.6km/km² 的区域内最为发育。地形地貌、地质构造是地质灾害发育最主要的控制因素（陈绪钰等，2019）。

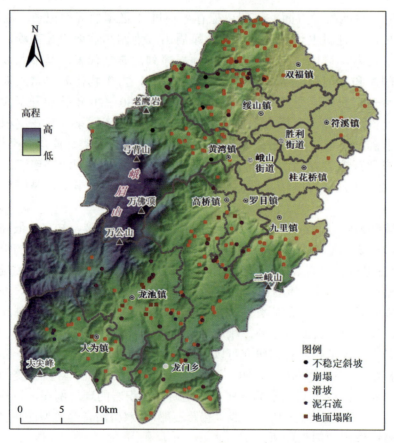

图 2.4　峨眉山市地质灾害分布图

第 3 章　峨眉山市人文地理与城乡规划概况

3.1　历　史　沿　革

峨眉山市已有 2000 多年的历史，古系蜀国地，蜀汉时期至两晋、南北朝属犍为郡南安县（今乐山市）辖地；北周武帝保定元年（公元 561 年）正式建平羌县。隋开皇三年（公元 583 年），改名峨眉县，在县东六十里别立平羌县；隋开皇九年（公元 589 年），峨眉县更名青衣县；隋开皇十三年（公元 593 年）改名峨眉县，属眉山郡。隋大业十二年（公元 616 年）置绥山县。唐麟德二年（公元 665 年）置沫州罗目县。武周久视元年（公元 700 年）析绥山县分置乐都县。宋乾德四年（公元 966 年）废绥山、罗目入峨眉属嘉定府。清嘉庆十四年（公元 1809 年）划出县西南大为以西地区设峨边厅。1949 年 12 月 17 日，峨眉解放；12 月 24 日，成立峨眉县人民政府，属川南行政公署乐山专区。1953 年，四川四署（川西、川南、川北、川东）合省后，属乐山专区（后改称乐山地区）。1956 年，划夹江县悦连乡入峨眉县。1958 年，划乐山县符溪乡、平城乡入峨眉县。1984 年，划乐山市（县级）新农乡的新农、新河、新沟和新堰四村入峨眉县。1985 年 6 月，撤销乐山地区和县级乐山市，建立省辖乐山市，峨眉县隶属乐山市。1988 年 9 月，撤销峨眉县建峨眉山市（省辖县级市），由乐山市代管（峨眉山市地方志编纂委员会，2014）。

3.2　行　政　区　划

峨眉山市位于四川盆地西南边缘，全市面积为 1183km²，2021 年，全市共有 2 个街道、10 个镇、1 个乡，128 个行政村，1086 个村民小组，26 个社区、432 个居民小组。2 个街道为胜利街道、峨山街道，10 个镇分别为绥山镇、高桥镇、罗目镇、九里镇、龙池镇、符溪镇、双福镇、桂花桥镇、大为镇和黄湾镇，1 个乡为龙门乡。峨眉山市人民政府驻地胜利街道（峨眉山市地方志工作办公室，2022）。峨眉山以其悠久延绵的佛教文化和优美的自然风光享誉世界，于 1996 年 12 月成功申报世界文化与自然双遗产。峨眉山市是全国首批国家旅游综合改革试点县，先后荣获中国优秀旅游城市、国家全域旅游示范区、国家卫生城市、全国园林城市等荣誉。

3.3　人　　口

3.3.1　全市及乡镇（街道）人口

据 2000 年第五次全国人口普查，峨眉山市常住总人口 423070 人，其中绥山镇 95665 人，高桥镇 15979 人，罗目镇 23885 人，九里镇 28737 人，龙池镇 28902 人，乐都镇 15252 人，符溪镇 27306 人，峨山镇 13993 人，双福镇 24370 人，桂花桥镇 49135 人，大为镇 13775 人，胜利镇 19679 人，龙门乡 9872 人，川主乡 6791 人，沙溪乡 5058 人，新平乡 10127 人，普兴乡 12617 人，黄湾乡 21927 人。

据 2010 年第六次全国人口普查，峨眉山市常住总人口 437068 人，其中绥山镇 130034 人，高桥镇 13868 人，罗目镇 23331 人，九里镇 25203 人，龙池镇 24467 人，乐都镇 11951 人，符溪镇 30361 人，峨山镇 12857 人，双福镇 24286 人，桂花桥镇 44208 人，大为镇 11961 人，胜利镇 22282 人，龙门乡 7594 人，川主乡 6023 人，沙溪乡 4014 人，新平乡 9754 人，普兴乡 10604 人，黄湾乡 24270 人。

峨眉山市 2020 年常住人口如表 3.1 所示，全市常住人口为 419107 人。峨眉山市户别人口：全市共有家庭户 157129 户，集体户 5119 户，家庭户人口为 398899 人，集体户人口为 20208 人。峨眉山市平均每个家庭户的人口为 2.54 人，比 2010 年第六次全国人口普查的 2.89 人减少 0.35 人。峨眉山市乡镇（街道）常住人口：13 个乡镇（街道）中，常住人口超过 10 万人的街道有 1 个，其余乡镇（街道）的常住人口都在 8 万人以下；其中，常住人口为 7 万~8 万人的镇有 1 个，3 万~4 万人的镇有 1 个，2 万~3 万人的镇（街道）有 4 个，1 万~2 万人的镇有 4 个，小于 1 万人的乡镇有 2 个。峨眉山市常住人口居前五位的乡镇（街道）是胜利街道、绥山镇、符溪镇、双福镇、桂花桥镇，合计占全市常住人口比重为 73.20%。

表 3.1　2020 年各乡镇（街道）常住人口数量

地区	常住人口/人	占比/%
胜利街道	143257	34.18
绥山镇	77360	18.46
罗目镇	16023	3.82
龙池镇	13303	3.17
双福镇	28056	6.70
大为镇	6589	1.57
龙门乡	5006	1.19
峨山街道	23204	5.54
高桥镇	12494	2.98
九里镇	24333	5.81
符溪镇	30904	7.37
桂花桥镇	27230	6.50
黄湾镇	11348	2.71

3.3.2　人口性别构成

　　峨眉山市常住人口中性别比（以女性为 100，男性对女性的比例）在各次人口普查中，依次为：1982 年 108.75、1990 年 107.75、2000 年 106.29、2010 年 103.68、2020 年 100.19，尤其在 2007 年后表现出较为稳定的性别比下降（图 3.1）。

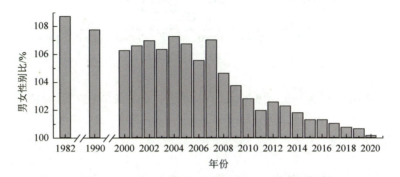

图 3.1　峨眉山市 1982～2020 年男女性别比例变化

3.3.3　人口年龄构成

　　2020 年全市常住人口中，0～14 岁人口为 49181 人，占 11.73%；15～59 岁人口为 266130 人，占 63.50%；60 岁及以上人口为 103796 人，占 24.77%，其中 65 岁及以上人口为 80330 人，占 19.17%［图 3.2（a）］。与 2010 年第六次全国人口普查相比，0～14 岁人口的比重上升 0.13 个百分点，15～59 岁人口的比重下降 7.58 个百分点，60 岁及以上人口的比重上升 7.45 个百分点，65 岁及以上人口的比重上升 7.24 个百分点［图 3.2（b）］。

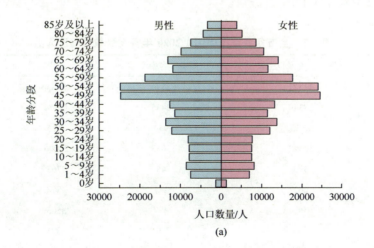

(a)

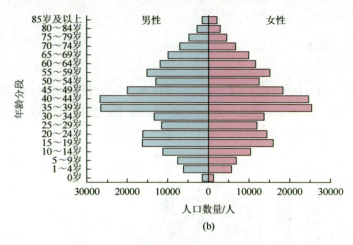

图 3.2   峨眉山市 2020 年（a）和 2010 年（b）人口年龄金字塔图

3.3.4   人口教育情况

据第七次全国人口普查数据，2020 年全市常住人口中，拥有大学（指大专及以上）文化程度的人口为 51371 人，拥有高中（含中专）文化程度的人口为 63596 人，拥有初中文化程度的人口为 136836 人，拥有小学文化程度的人口为 136202 人（表 3.2）。与 2010 年第六次全国人口普查相比，每 10 万人中拥有大学文化程度的由 8365 人增加到 12257 人；拥有高中文化程度的由 15053 人增加到 15174 人；拥有初中文化程度的由 38972 人减少到 32649 人；拥有小学文化程度的由 33870 人减少到 32498 人。与 2010 年第六次全国人口普查相比，全市常住人口中，15 岁及以上人口的平均受教育年限由 8.84 年提高至 9.31 年。全市常住人口中，文盲人口（15 岁及以上不识字的人）为 9411 人，与 2010 年第六次全国人口普查相比，文盲人口减少 4825 人，文盲率由 3.68%下降为 2.25%，下降了 1.43 个百分点。

表 3.2   全市各乡镇（街道）2020 年各类受教育程度人数   （单位：人）

地区	大学（大专及以上）	高中（含中专）	初中	小学
峨眉山市	51371	63596	136836	136202
胜利街道	28349	30435	43554	31325
峨山街道	2850	3950	7635	7089
绥山镇	10572	13032	26006	22225
高桥镇	398	745	3763	6241
罗目镇	602	1231	4878	7831
九里镇	1067	2487	8503	10796
龙池镇	406	779	3991	6751
符溪镇	1786	3947	11882	10976
双福镇	1141	2254	10252	12180

续表

地区	大学（大专及以上）	高中（含中专）	初中	小学
桂花桥镇	1582	2932	9884	10955
大为镇	171	339	1832	3383
黄湾镇	2341	1249	3191	3716
龙门乡	106	216	1465	2734

3.3.5　城乡人口及流动人口

2020 年峨眉山市全市常住人口中，居住在城镇的人口为 252682 人，占 60.29%；居住在乡村的人口为 166425 人，占 39.71%。与 2010 年第六次全国人口普查相比，峨眉山市城镇人口增加 50616 人，乡村人口减少 68577 人，城镇人口比重上升 14.06%。1949 年以来，峨眉山市城镇化率处于持续上升阶段（图 3.3），且在 1990 年之后处于加速阶段，1980 年城镇化率为 23.51%、1990 年城镇化率为 23.95%、2000 年城镇化率为 30.40%、2010 年城镇化率为 40.50%、2020 年城镇化率为 50.29%。目前峨眉山市处于城镇化发展水平的中期阶段，即加速提升阶段，由于经济实力增强，城市化速度加快。2020 年全市常住人口中，流动人口为 150546 人。流动人口中，跨省流入人口为 7456 人，省内流动人口为 143090 人。

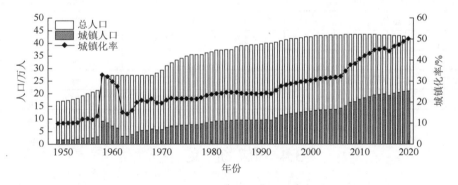

图 3.3　峨眉山市 1949～2020 年人口及城镇化率变化图

3.3.6　职业结构

根据峨眉山市第四次全国经济普查主要数据公报数据显示，2018 年末，峨眉山市第二产业和第三产业法人单位从业人员为 80251 人，其中，女性从业人员 30701 人。第二产业的从业人员为 31899 人，占全部法人单位从业人员 39.6%；第三产业的从业人员为 48352 人，占全部法人单位从业人员 60.3%。峨眉山市个体经营户从业人员 47212 人，其中，女性从业人员 26249 人。在法人单位从业人员中，峨眉山市位居前三位的行业是：制造业 21775 人，占 27.1%；公共管理、社会保障和社会组织 9188 人，占 11.4%；建筑业 7810 人，占 9.7%。在个体经营户从业人员中，位居前三位的行业是：批发和零售业 21720 人，占 46.0%；住宿和餐饮业 12983 人，占 27.5%；居民服务、修理和其他服务业 5546 人，占 11.7%（表 3.3）。

表 3.3　按行业门类分组的法人单位与个体经营户从业人员　　　　（单位：人）

行业	法人单位从业人员		个体经营户从业人员	
	总人数	女性	总人数	女性
采矿业	1378	177	4	—
制造业	21775	7970	1918	606
电力、热力、燃气及水生产和供应业	936	382	—	—
建筑业	7810	1438	1280	320
批发和零售业	6181	2785	21720	12549
交通运输、仓储和邮政业	6018	809	1066	110
住宿和餐饮业	2371	1486	12983	8164
信息传输、软件和信息技术服务业	144	54	168	122
金融业	325	153	—	—
房地产业	3849	1671	89	28
租赁和商务服务业	2649	720	739	355
科学研究和技术服务业	1456	412	40	27
水利、环境和公共设施管理业	4361	2037	3	1
居民服务、维修和其他服务业	907	396	5546	3023
教育	6564	4166	138	83
卫生和社会工作	3492	2384	730	419
文化、体育和娱乐业	847	428	788	442
公共管理、社会保障和社会组织	9188	3233	—	—
合计	80251	30701	47212	26249

3.4　传 统 文 化

峨眉山市因山得名，是一座有着深厚历史文化底蕴的城市。峨眉山是国家 5A 级风景名胜区和中国四大佛教名山之一，素有"仙山佛国""地质博物馆"之美誉。李白、陆游、徐霞客、别峰宝印禅师等古人曾留恋峨眉山，并留下"峨眉山月半轮秋，影入平羌江水流""蜀国多仙山，峨眉邈难匹"等誉满千秋的诗句。千百年来，儒、释、道三家文化在此碰撞、融合、演变，孕育了独具乐峨特色的佛禅、茶道和武术等文化，对乐峨地方文化的形成产生了深刻的影响。

峨眉山市是一座有着 2600 多年历史的名城，峨眉山是世界文化与自然遗产。峨眉山市中医药文化历史绵长，汉武帝、药王孙思邈都曾慕名拜山求药，峨眉山道地药材自古闻名。峨眉武术与少林、武当齐名，是中国三大武术流派之一。"禅茶一味"的峨眉山茶是中国知名的高端高山绿茶。峨眉山市博大精深的佛教文化名扬中外。

3.4.1 佛禅文化

峨眉山包括大峨山、二峨山、三峨山和四峨山，其海拔分别为 3099m、1909m、2021m 和 982m。其中，大峨山是作为旅游胜地的峨眉山。峨眉山为何称为"峨眉"，在北魏郦 道元的《水经注》引《益州记》中这样描述，"去成都南千里。然秋日清澄，望见两山相 峙，如蛾眉焉"。其中的"两山"指的就是大峨山与二峨山。在清代的《峨眉山志》如此 描述："此山云鬓凝翠，鬟黛遥妆，真如蟓首蛾眉，细而长，美而艳也。"

东汉时期，峨眉山上就创建了初殿；晋、唐、明、清各朝代又先后修建了普贤寺、 华严寺、报国寺、洗象寺（池）等庙宇。峨眉山初始流行道教，后来佛、道并存；宋朝 时，佛教得到了进一步发展，至明、清时期，佛教盛极一时。相传普贤骑象上峨眉山传 教，因而各殿、寺中均供奉骑象的普贤。峨眉山与浙江普陀山、安徽九华山、山西五台 山并列为我国四大佛教名山。

古往今来，峨眉山佛教和道教之间的论战持续了 1500 年左右，其中规模较大的有 三次，第一次在晋代，第二次在唐代，第三次在明代。论战集中在"峨眉山是道教仙 山，还是佛教圣地"，结局是由佛道并存到道融于佛。峨眉山作为四大佛教名山之一， 其历史悠久，风景优美。最初原是道家名山，在道教内影响较大，时被称作是道教第 七洞天（骆坤琪，1997a）。后佛教传入峨眉山，开始了道佛交涉。在历代高僧的不断 拓展和帝王敕建支持的背景下，峨眉山逐渐成为有全国性影响的佛教名山，在清朝晚 期成为佛教四大名山之一，为佛经中描述的普贤菩萨说法处，佛经中描述其为"银色 世界"（骆坤琪，1997b）。

关于佛教何时传到峨眉山，有汉代和晋代两种不同的说法。现可供考的史料文物是 明代嘉靖十二年（公元 1533 年）别传禅师所铸的圣积晚钟，在这块大铜钟上、表里铸刻 文字数万，在《皇图》栏中，第一项字是"晋祖武帝，司空净禅师"，其他栏中还刻有从 晋代起至明嘉靖时止的历代文武官员的名字。据《高僧传》记载："法和以前，蜀中少闻 佛法"。法和兴宁三年（公元 365 年）入蜀，当时蜀中虽有佛教，但力量微弱，信徒极少。 魏晋之前，蜀中则不闻佛法，由此印证佛教在晋以后传入四川（骆坤琪，1984）。慧持隆 安三年（公元 399 年）入蜀，在当时统治者的支持下，在蜀八年致力于佛教传播，为实 现"观瞻峨眉"的愿望，修建寺庙，塑供普贤之像，取名普贤寺（今万年寺前身）。全国 政协民族和宗教委员会、中国佛教协会、《经贸世界》杂志社编印的《中国佛教寺院大观》 提到："有史可稽的峨眉山佛教始于东晋隆安年间，净土宗创始人之一慧持大师前来传播， 创建了全山第一座寺庙普贤寺（今万年寺）。"峨眉山后来成为普贤道场，其源盖出于此 （峨眉山市地方志编纂委员会，2014）。

此后，峨眉山佛教持续发展，北魏武帝时期，益州僧人明果改道观乾明观为中峰寺， 后至南北朝梁武帝大力扶持佛教，多位名僧曾到过峨眉，《峨眉山志》有记载的就有印度 僧人宝掌和尚和西域僧阿婆多罗尊者（四川省地方志编纂委员会，1996）。到了唐代，四 川佛教受到属地统治者和统治阶层的支持，得到持续发展。僖宗年间（公元 873~888 年） 慧通禅师来蜀，在峨眉山修建寺庙，弘扬佛教，使得峨眉佛教初具规模，为佛教名山之形成奠定了基础。据可考史料，唐时在峨眉山至少建造了 7 座寺庙，佛教影响力增大，唐人还对峨眉山佛光、圣灯、云海等气象景观进行了观察。《峨眉山志》记载："唐南泉老人礼峨眉，观白云光紫。"峨眉山佛光现象的提出与发扬，推动了峨眉佛教的重大发展（杜洁祥，1980）。

峨眉山昼有佛光，夜有圣灯，与光明相切，唐代僧人将峨眉山比作光明山，将峨眉山三座顶峰面积最大的峰顶称为"大光明顶"，使得峨眉山成为普贤道场。宋代以来，宋太宗推崇佛教，峨眉山地位迅速提高，成为南方佛教中心，进而得到普通民众的广泛认可，在全国范围内形成了北有五台，南有峨眉的佛教名山格局。

明清时期是峨眉山佛教的鼎盛时期，该时期推行大量有益于佛教发展的政策。明代幻轮和尚编撰的《释氏稽古略续集》中记载："钦赐田地，税粮全免；常住田地，虽有税粮，仍免杂派人差役。"清代全面延续了明代的佛教政策，对佛教的支持与控制进一步加强，佛教逐渐转化为社会上层推行的主要宗教（任宜敏，2013）。明清时期峨眉山寺庵的大量建设，进一步稳固和促进了"普贤道场"名声的传扬。清光绪十七年（公元 1891 年）黄绶芙主持编纂的《峨山图说》显示，峨眉山范围内建有寺庵 70 余座。

峨眉山先后建立过 100 余座佛寺（附录 3），现存 27 座，其中被称作"六大古寺"的是万年寺、中峰寺、华藏寺、华严寺、延福院和光相寺。1983 年，国务院公布为全国重点寺庙的是报国寺、万年寺、华藏寺、洪椿坪与洗象池 5 座（黄伟和何立群，2007）。

3.4.2　茶文化

峨眉山市的种茶历史悠久，最早茶事活动及生产可追溯到唐代，到了宋代，茶事活动逐年扩大规模，茶叶质好、量多。峨眉山茶的历史可分为几个阶段。一是药用阶段（唐代早期），此时峨眉山茶量少质优，为寺院中的道家和佛门弟子饮用，此时是采摘野生古茶而制，只有极少数寺院零星栽植几棵。二是贡茶阶段，此时峨眉山茶已成为中国名茶之一，并且作为贡茶上贡朝廷，茶叶作为一种珍贵的礼品，是用于接待达官贵人的高档饮品。三是发展阶段。中华人民共和国成立后，茶叶迎来了空前的发展，峨眉山市各大乡镇，特别是山区乡镇开始大力发展茶叶，大规模种植茶叶。同时，峨眉山是世界野生古茶的发源地，生态环境得天独厚，时至今日，峨眉山浩瀚的森林中仍生长着近 20 种野生古茶（杨静，2013）。

峨眉山是四大佛教名山之一，佛教文化源远流长，自古佳茗多产自山川，而"天下名山僧占多"，峨眉山高僧利用其独特优越的自然环境，大量种茶、制茶，饮茶之风盛行，形成了历史悠远的佛茶文化。唐宋时期，佛都四大名茶之一的四川峨眉山寺院大量产茶。当时峨眉山的茶树主要分布在海拔 800～1200m 的黑水寺、白水寺、玉屏寺一带，由僧人采制。茶禅一味，佛家与茶结缘，对丰富茶文化内涵、提高茶叶生产技术产生巨大的影响。佛教对茶文化的发展与贡献主要有三个方面，其一是高僧们写茶诗、吟茶词、作茶画，或与文人唱和茶事，丰富了茶文化的内容；其二是佛教为"茶道"提供了"梵我一如"的哲学思想内涵，使茶道更有神韵，形成了中国茶道对"物我玄会"的境界的追求；其三是佛门的茶事活动对茶文化发展、品茗技法提高、茗饮礼仪规范等都有很大的帮助。因为佛教与茶有如此千丝万缕的联系，所以将"佛茶"作为峨眉山茶文化旅游的旅游形象，游客更容易接受以佛茶为主题的茶文化旅游（余玫，2008）。

3.4.3　武术文化

2007 年国家级非物质文化遗产名录申报材料《峨眉武术》对峨眉武术的概念进行了界定：峨眉武术是指源于四川峨眉山并广泛流传于整个四川乃至西南地区的武术的总称。据整理，峨眉武术共有 68 个拳种和门派，1093 个徒手套路，518 个器械套路，41 个对练套路，276 个练功方法和 14 个技击项目（陈振勇，2007）。

现存峨眉武术的各个流派实与佛教、道教有关。但无论是现代的峨眉武术还是具体的拳法以及枪法，其来源和套路都可看出道家精髓，带有浓厚的道家文化风格并且一直贯穿于峨眉武术发展的始终。

峨眉武术起源于春秋战国，自成体系于南宋，鼎盛于明清，弘扬于当代。流传至今，峨眉武术已成为巴蜀武术的代名词，被列为国家级非物质文化遗产。在长期的历史演变过程中，峨眉武术逐渐形成了自己的特色，既重视内气的修炼，又讲究体形的结合，似快而慢，似柔而刚，刚柔并济，长短并用。

峨眉武术作为一种文化资源，可以大力开发。通过对峨眉武术资源进行整合，培育品牌，逐渐形成一条武术产业链。开发武术与其他行业相结合的产业形式，如峨眉武术影视、峨眉武术器械、峨眉武术服装、峨眉武术出版物等；围绕武术举办大型商业活动，如武术贸易、武术旅游等。峨眉建立有武术商品、武术技术输出、武术劳务、武术产业园、武术城、武术赛事、康复养生、相关药品、新闻出版、武术学校、影视基地等产业链（宋天华和罗萍，2011）。

3.5　社会经济发展

3.5.1　经济概况

峨眉山市位于成都平原经济区，是成都平原向西部山区的过渡地带。峨眉山以"昆仑伯仲、高于五岳、秀甲九州"之名位列中国四大佛教名山，素有"佛国仙山""地质博物馆"之美誉，1996 年获评世界文化与自然双遗产，是国家首批 5A 级风景名胜区、首批国家级文明旅游示范单位。峨眉山市先后获得中国优秀旅游城市、国家生态文明建设示范市、国家级卫生城市、首批国家全域旅游示范区、全国文化和旅游市场信用经济发展试点、2021 年中国县域旅游综合竞争力百强县、首批天府旅游名县、全省服务业强县等荣誉称号。2000~2021 年峨眉山市 GDP 和人均 GDP 呈持续增长态势（图 3.4），三次产业的结构不断优化（图 3.5）。2021 年峨眉山市 GDP 为 385.75 亿元，同比增长 8.0%。其中，第一产业增加值 33.87 亿元，增长 6.8%；第二产业增加值 132.52 亿元，增长 7.9%；第三产业增加值 219.36 亿元，增长 8.2%。第一产业增加值占 GDP 比重 8.8%；第二产业

增加值占 GDP 比重 34.3%；第三产业增加值占 GDP 比重 56.9%。三次产业分别拉动 GDP
增长 0.7%、2.7% 和 4.6%，对经济增长的贡献率分别为 8.3%、33.4% 和 58.3%。

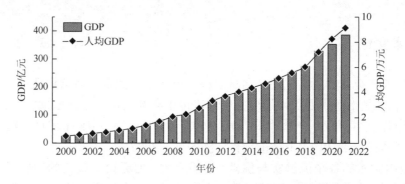

图 3.4　峨眉山市 2000～2021 年地区生产总值变化

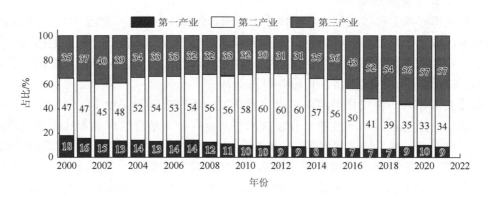

图 3.5　峨眉山市 2000～2021 年三次产业增加值占比变化

3.5.2　产业发展

　　峨眉山市农业产业形成了"茶、菜、药、畜"四大农业主导产业，建成了全国无公
害茶叶示范基地和省级蔬菜、黄连、食用竹笋等农产品无公害基地，成为全国最大的草
席生产基地和茶叶集散基地，峨眉山中药材享誉全国。峨眉山市农业综合生产能力显著
提高，2017 年，全市农林牧渔业总产值 31.21 亿元；增加值 17.48 亿元，同比增长 3.9%。
峨眉山市全市粮食播种面积 31.35 万亩①，粮食总产量 9.8 万 t。峨眉山市全市农业基础设
施建设不断完善，建成 9.9 万亩"全国绿色食品原料（茶叶）标准化生产基地"和 10 个
万亩标准化示范基地。峨眉山市建成有效灌溉面积 1.5 万亩，农作物耕种收综合机械化率
达到 57.8%；农业科技进步贡献率达到 57%。农村一、二、三产业交叉融合，农村电商、
定制农业等新兴业态蓬勃发展。峨眉山市农业产业形成了"茶、菜、药、畜"四大农业
主导产业。2021 年峨眉山市农作物播种面积 35819hm²，其中粮食种植面积 18194hm²，

---

① 1 亩≈666.67m²。

油料种植面积 6734hm^2，糖料种植面积 6hm^2，蔬菜种植面积 8983hm^2；全年粮食产量 102278t，其中油料产量 13297t，糖料产量 361t，茶叶产量 10116t，蔬菜产量 203886t，水果产量 31153t；建成了全国绿色食品原料（茶叶）标准化生产基地、全国无公害茶叶示范基地、全国黄连生产基地、全国中药现代科技产业（四川）基地和省级蔬菜、食用菌、优质稻、食用竹笋等农产品无公害基地，全国最大的草席生产基地和茶叶集散基地。峨眉山市被列入川菜直供港澳试点基地建设试点市，峨眉山茶、峨眉山藤椒、峨眉山藤椒油获国家地理标志证明商标[①]。

峨眉山市食品饮料、绿色材料等主导产业已初具规模，食品饮料产业聚集了竹叶青、峨眉雪芽、农夫山泉、华润雪花啤酒等骨干企业，初步形成了从种植基地到加工生产再到销售，并向旅游延伸的三产融合的产业链；绿色材料产业以建材为主导，聚集了峨胜水泥、西南水泥、佛光水泥、金顶集团、金陶瓷业等龙头企业，依托石灰石、石膏、玄武岩等丰富的矿山资源优势，初步形成了从原矿开采、生产加工到销售的石灰石产业链和石膏产业链。峨眉山市初具规模的主导产业为集群发展和产业链的延伸提供了基础保障。

峨眉山市工业涉及建材、食品饮料、医药、装备制造、包装服装鞋业、光纤通信材料、电冶钢铁、矿产资源采掘洗选加工、化工、木制品制造、仓储物流等 10 余个产业门类，主要分布在峨眉山市的桂花桥镇、绥山镇、胜利镇、双福镇、九里镇、符溪镇、龙池镇等地。"十三五"时期，水泥、瓷砖、铁合金等主要传统产业产量在去产能、升级转型作用下，呈波动变化；饮用水、饮料、精制茶、光纤等主要产业产量逐年增加，绿色材料、食品饮料、特色轻工三大支柱产业初步形成，绿色工业迈向清净化，绿色材料、食品饮料产业初具规模。2020 年，峨眉山市绿色材料产业产值突破 143.5 亿元，食品饮料产业产值 97.8 亿元。

未来峨眉山市将全面构建新兴产业发展体系，以建设全省高新清净工业示范市为目标，抓住成渝双城经济圈建设的机遇，坚持"生态立市、文旅兴市、产业强市"的发展战略，以高端成长型产业和新兴先导型服务业为引领，深入对接成、德、绵、眉、乐产业发展分工体系，重点发展支柱产业、推动传统优势产业转型升级，构建以绿色材料、食品饮料、特色轻工三大"高、新、轻、净"产业为突破的"旅游＋新型工业化"现代产业体系，提升峨眉山市工业核心竞争力。

3.6　城市规划、村镇规划与国土空间规划

3.6.1　城市规划

1. 20 世纪 80 年代城市规划

1979 年，国务院将峨眉县列入对外开放城市，同时将峨眉山列为全国首批进行资源

---

① 见《峨眉山市乡村振兴总体规划（2018—2022 年）》。

调查和总体规划的风景区之一。峨眉县城市规划提出"以旅游业为中心，风景区为重点"的要求，委托渡口市（现攀枝花市）规划设计院成都工作组承担峨眉县总体规划设计工作。

1982年，峨眉县城建局组织规划工作组，编制完成《峨眉县城市总体规划》。该规划将峨眉县城的性质规定为"峨眉山风景区的门户和基地"，调整了部分城镇用地、文化教育体育用地、商业用地布局，调整了部分城市道路的骨架和宽度。

1985年，峨眉县人民政府委托四川省城乡规划设计研究院规划峨眉旅游道路，完成了《峨眉县旅游干道详细规划》。规划确定旅游干道从火车站经县城到报国寺，总长8.55km，路宽30m。其中车行道18m，人行道各3.5m，绿化带各1.5m。当年，峨眉县城建局委托四川省城乡规划设计研究院对工农兵水库进行勘察规划，规划将水库开发为风景旅游区，后经县政府同意定名为峨秀湖风景区，该规划方案于1985年底由省政府批准实施。同年，峨眉县城建局组织技术人员，对城区符汶河北岸的新区进行了勘察和规划。

2. 20世纪90年代城市规划

20世纪90年代初，围绕"旅游牵头、农业奠基、发展工业、建设城市"的发展路子，峨眉山市编制完成6.50km^{2}的工业经济开发区、10km^{2}的旅游度假区和1km^{2}的房地产综合开发区的规划彩图方案和大量的资料收集工作；制订经济技术开发区启动期2.60km^{2}和房地产开发区的详细规划；完成白塔公园、城际游园、金凤山景点规划设计和商业一条街、乐西公路、名山西路、西环路、七三九路、百花路、南滨河路、东一路、中心广场、铁匠街、北正街的街景详细规划；完成绥山东路21.75hm^{2}的方案规划，文庙街、三台山街、佛光路东、西段及西正街片区的控制性规划和详细规划，云海路街景规划，旅游试验区东方文化游园详细规划；编制城市绿化、防洪、抗震、救灾专业规划；完成万福西路、雁北路的街区规划；进行了峨眉河北区规划调整。

20世纪90年代末，峨眉山市围绕"双创"（创中国优秀旅游城市、国家卫生城市）工作，充分发挥规划的先导和宏观调控作用，先后完成峨眉山市城市消防规划、百花路旧城改造规划；超前编制佛光广场、东大门广场、清音桥等景点规划，东新路改建规划，佛光南路—名山南路美化规划，火车站—佛光南路—天下名山牌坊的道路拓宽规划和沿路亮化、美化设计；编制《城市绿地系统规划》《城市旅游功能"十五"建设计划和2015年远景规划刍议》；完成城市主要干道绿化带植被调整设计。峨眉山市以"创世界旅游精品，建国际旅游城市"为奋斗方向，发挥规划在城市建设中的"龙头"作用，先后完成峨眉河滨河绿色长廊规划，佛光南路旅游综合服务区规划，绥山东路、文庙街、名山西路商贸居住区等旧城改造规划；编制全市亮化工程规划；完成火车站站前广场整治和天下名山广场整治改造；拟定乐峨快速通道道路景观编制方案和全市亮化工程实施方案。

3. 21世纪以来城市规划

2006年编制《峨眉山市发展战略规划（2006—2020年）》《峨眉山市土地利用总体规

划（2006—2020 年）》《峨眉山市旅游发展总体规划（2006—2020）》。

2011 年编制《峨眉山市国民经济和社会发展第十二个五年规划纲要（2011—2015 年）》。

2012 年修编《峨眉山市旅游发展总体规划（2006—2020）》。

2013 年编制《峨眉山市城市空间发展战略研究》《峨眉山市城市总体规划》《峨眉山市全域旅游发展规划》《峨眉山市旅游综合改革试验区发展总体规划（2013—2030）》。

2016 年编制《峨眉山市国民经济和社会发展第十三个五年规划纲要（2016—2020 年）》。

2018 年编制《峨眉山市乡村振兴总体规划（2018—2022 年）》《峨眉山市市域城镇体系规划和城市总体规划（2018—2035）》。

2019 年编制《峨眉山市国家生态文明建设示范市规划（2019—2025 年）》。

2020 年编制《峨眉山市国土空间总体规划（2020—2035）》。

2021 年以来编制《峨眉山市"十四五"景城融合发展规划（2021—2025 年）》《峨眉山市国土空间生态修复规划（2021—2035 年）》《峨眉山市"十四五"生态环境保护和治理规划（2021—2025）》。

3.6.2　村镇规划

1992 年，各乡（镇）成立村镇建设办公室，代表乡（镇）政府进行村镇建设综合开发，加快集镇基础设施建设，促进城乡一体化发展。编制万坎村、和平村、白衣村的村庄规划。

1993 年，编制龙门乡 75km²、沙溪乡 72km² 的总体规划。

1994 年，调整完成九里镇总体规划，并编制重要地段控制详规；调整完善桂花桥镇总体规划；编制双福镇过境公路控制性规划；编制完成绥山镇麻柳村等 6 个村庄规划。建设部（现住房和城乡建设部）试点镇桂花桥镇规划受到部、省专家肯定，被树为全国、全省集镇规划的典范。

1998 年，完成乐山市试点镇符溪镇规划编制工作，并形成正式成果；完成符溪镇过境段建设性详细规划、火车站农民街修建详细规划。

1999 年，完成桂花桥镇燕岗火车站站前广场规划、双福镇古桥风貌街和综合市场规划，完成九里、符溪等镇的 10 个村庄规划。

2000 年，完成符溪、双福和胜利 3 个省级试点集镇总体规划方案；完成桂花桥镇五爱村、九里镇吴庵村、符溪镇黑桥村、高桥镇万槽村、胜利镇夏荷村 5 个中心村规划。

2001 年，编制完成胜利镇总体规划和控制性详细规划、符溪镇集镇改造详细规划、罗目镇农贸市场详细规划，胜利镇、罗目镇、双福镇小集镇建设规划编制通过评审。

2002 年，完成城北农民安置规划、胜利镇村庄规划、桂花桥镇桂花大道和符溪镇集镇修建性详细规划；完成省级试点集镇规划 5 个；完成旅游通道中心村规划 23 个。

2003 年，完成胜利镇村民、桂花桥镇铝业集团村民安置规划和峨山镇温泉度假区农房安置点详细规划，完成沙溪乡场镇新街建设规划、双福镇古桥风貌街改造规划。

2004~2005 年，安排部署 7 个省级试点小城镇的规划调整修编及近期 5 年、远期 10 年的建设详规编制工作，编制黄湾乡创国家级环境优美乡（镇）规划。桂花桥镇总体规划于 2005 年 6 月通过省建设厅检查和专家组评审。

2015 年编制《峨眉山市农家乐乡村旅游发展规划（2015—2020）》。

2017 年编制《峨眉山市市域乡村建设规划（2017—2030）》。

2018 年编制《峨眉山市宜居乡村建设专项规划（2018—2022 年）》。

2021 年编制《峨眉山市乡村振兴示范村多规合一村规划》。

3.6.3　国土空间规划

《峨眉山市国土空间总体规划（2020—2035）》的规划基期年为 2020 年，规划目标年为 2035 年，近期目标年为 2025 年，远景展望至 2050 年。规划坚持生态优先、绿色发展；战略引领、严格管控；区域协调、城乡统筹；以人为本、提升品质；山城一体、保护与发展并重。规划层级包括市域和中心城区两个层级。市域统筹全域空间要素规划管理，侧重国土空间开发保护的战略部署和总体格局；中心城区细化土地使用和空间布局，侧重功能完善和结构优化。为落实国家、四川省战略，结合峨眉山市的自然环境和社会经济发展特征，规划发展定位为：聚焦"建设世界重要旅游目的地"愿景，高标准推动文旅发展大突破，建成世界级旅游景区；高质量推动经济实力大跨越，争创全国百强县；高要求推动幸福指数大提升，建成高品质生活宜居地。承接上位规划的指导与约束，结合峨眉山市的发展目标，规划建立引导和约束性指标体系。

为实现市域国土空间整体保护修复和开发利用目标，强调需要对全市镇乡提出规划传导与管控目标，峨眉山市国土空间总体规划对镇乡的引导性指标包括发展定位、人口规模、新增建设用地规模等，管控性指标包括生态保护红线、城镇开发边界、耕地保有量、永久基本农田。对市县国土空间的规划从全域宏观总体格局到分类格局（生态安全格局、农业发展格局、城镇发展格局）。构建全市"两核、两轴、两圈、两区"的市域空间总体格局，实施西保东拓、南控北优的市域空间发展策略。其中，两核即峨眉山风景名胜区保护核和峨眉山市中心城区发展建设核。

在生态安全格局方面，全市形成"一区、两片、八廊、多点"的生态安全格局。一区，即峨眉山风景名胜区。两片，即市域西南和东南边缘地带的国有生态公益林片区，其为原有的龙池国有林场和沙溪国有林场，由原来的森林砍伐向现在的森林培育转变。八廊，即市域范围内八条主要的河流廊道，分别是峨眉河（符汶河）、临江河、茅杆河、龙门河、双福河、粗石河、赶山河、沙溪河；保护河流廊道及沿岸生态环境，是全市重要的水环境污染治理和保护廊道，形成市域八条生态绿廊。多点，即市域内多处水源保护地，分别位于高洞口、观音岩水库、龙池镇、大为镇、高桥镇等多处水源保护地。

在城镇发展格局方面，全市形成"一区、三轴"的城镇发展格局。一区，是指峨眉山市中心城区，规划城市开发边界范围面积。三轴，一是沿国道 245 城镇发展轴，从双福镇经中心城区、高桥镇到龙池镇和大为镇的城镇发展轴；二是乐峨城市联系发展轴，包括乐峨快速通道及沿峨眉河组团城镇发展带，从乐山市城区经苏稽镇、水口镇到峨眉山市的符溪镇、桂花桥镇再到峨眉山市城区；三是沿临江河城镇发展轴，即高桥镇、罗目镇、九里镇连绵工旅融合城镇发展轴。

3.7　旅游规划与开发

峨眉山风景名胜资源类型多样（附录 4），除宗教景观外，峨眉山人文景观还包括乡村景观。乡村景观包括聚落景观、农业景观、道路景观、园林景观等部分。峨眉山乡村景观与宗教景观虽有关联，但在营造方式和景观理法方面又相互独立、各成体系（肖遥，2016）。峨眉山市风景名胜区规划史简列如下。

1973 年编制第一版《峨眉山风景名胜区总体规划》。

1993 年编制第二版《峨眉山风景名胜区总体规划》。

1996 年峨眉山市被列入世界文化和自然双遗产名录。

1999 年修编上一版《峨眉山风景名胜区总体规划》。

2003 年修编，完成《峨眉山风景名胜区总体规划（2003—2020）》。

2015 年继续修编，完成《峨眉山风景名胜区总体规划》，完成《景区村民居住改善规划》初步方案并多次征求意见，上报《峨眉山报黄路区域规划》《新桥三组建设规划》《自然生态猴区提升改造方案》，开展《景区污水治理规划》进场调研工作。

2016 年，加快推进《峨眉山风景名胜区总体规划》修编工作，以总体规划为统领，同步推进峨眉山文物保护系列规划编制工作，完成《全国重点文物保护单位——峨眉山古建筑群保护规划》；推进《峨眉山居规划》《黄湾乡村庄规划》；完成《峨眉山景区污水治理规划》，从战略上逐步解决空间性整合发展问题、景区旅游产业发展问题以及景区旅游发展与社会发展的矛盾。

2022 年提交《峨眉山风景名胜区总体规划（2022—2035）》。进入"十四五"时期，峨眉山市将围绕"1238"发展总体思路，聚焦"建设世界重要旅游目的地"愿景，紧盯"建成世界级旅游景区、争创全国百强县"工作目标，深入实施"生态立市、文旅兴市、产业强市"发展战略，牢牢把握"文旅融合、景城一体、产业创新、乡村振兴、民生改善、改革开放、社会治理、党的领导"八个工作抓手，推动经济社会高质量发展，加快构建"一核一带四区"区域经济发展空间布局。一核，即确立峨眉山景区作为市域经济发展的极核，依山兴市、依市兴产、景城一体、产城互动，充分发挥峨眉山的带动引领作用。一带，即环峨眉山世界级生态医（康）养旅游度假带，沿峨眉山麓海拔在 800m 以上的龙池、高桥、罗目、峨山、黄湾、绥山、双福等乡镇（街道）"新月形"区域，对标世界级水平，布局以高端医（康）养产业为特色的旅游度假带，形成世界重要旅游目的地的主要支撑。四区，即在市域北部规划建设中国高山高端绿茶发展示范区，提升以"竹叶青"为代表的高山高端绿茶品牌价值，推动茶旅融合发展，促进茶产业向茶文化发展；在市域中部以城市主城区为中心规划建设中部城镇集聚区，推动中心城区与符溪、双福、黄湾、高桥、桂花桥等集镇一体化发展，为"一核一带"提供配套服务；在市域东部规划建设东部绿色工业园区，加快发展食品饮料、绿色材料、特色轻工三大产业，提升世界重要旅游目的地整体产业能级；在市域南部规划建设南部生态发展示范区，严控矿产资源开发，严守生态红线，把生态优势转化为特色产业发展优势，着力发展绿色有机循环农业和乡村旅游产业，探索山区发展新路径，筑牢世界重要旅游目的地生态本底。

第4章　调查方法

4.1　地质罗盘的使用

4.1.1　地质罗盘结构

地质罗盘是开展野外地质和地理工作的重要工具。它可以用于测量方向、观察点的所在位置，测出任何一个观察面的空间位置（如岩层层面、褶皱轴面、断层面、节理面等构造面），以及测定火成岩的各种构造要素、矿体的产状等。地质罗盘式样很多，但结构基本是一致的，常用的是圆盘式地质罗盘仪（图4.1）。

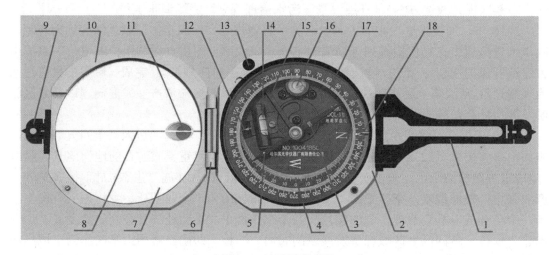

图 4.1　地质罗盘结构

1-长觇板；2-基座；3-南针；4-垂直（倾角）刻度盘；5-北针；6-连接合页；7-反光镜；8-瞄准线；9-后照准器；10-上盖；11-观察孔；12-悬锥（垂直刻度指针）；13-磁针制动器；14-倾角水准面；15-顶针；16-方位水准器；17-水平刻度盘；18-底盘南北刻度线

（1）磁针。一般为中间宽两边尖的菱形钢针，安装在底盘中央顶针上，可自由转动，不用时应旋紧制动螺丝，将磁针抬起压在盖玻璃上避免磁针帽与顶针尖碰撞，以保护顶针尖，延长罗盘使用时间；在进行测量时放松固定螺丝，使磁针自由摆动，最后静止时磁针的指向就是磁针子午线方向。由于我国位于北半球，磁针两端所受磁力不等，磁针容易失去平衡。为使磁针保持平衡，常在磁针南端绕上铜丝，便于区分磁针南北两端。

（2）水平刻度盘。从 0° 开始按逆时针方向每 10° 一记，连续刻至 360°，0° 和 180° 分别为 N 和 S，90° 和 270° 分别为 E 和 W，利用它可以直接测得地面两点间直线的磁方位角。

（3）竖直刻度盘。用作读取倾角和坡角读数，以 E 或 W 位置为 0°，以 S 或 N 为 90°，每隔 10°标记相应数字。

（4）悬锥。悬锥是测斜器的重要组成部分，悬挂在磁针的轴下方，通过底盘处的觇板可使悬锥转动，悬锥中央的尖端所指刻度即为倾角或坡角的度数。

（5）水准器。通常有两个，分别装在圆形玻璃管中，圆形水准器固定在底盘上，长形水准器固定在测斜仪上。

（6）瞄准器。瞄准器包括接物和接目觇板，反光镜中间有细线，下部有透明小孔，使眼睛、细线、目的物三者成一线，作瞄准之用。

4.1.2 地质罗盘使用

使用地质罗盘前必须进行磁偏角的校正。因为地磁的南北两极与地理上的南北两极位置不完全相符，即磁子午线与地理子午线不相重合，地球上任一点的磁北方向与该点的正北方向不一致，这两方向间的夹角叫磁偏角。地球上某点磁针北端偏于正北方向的西边称西偏[图 4.2（a）]，偏于东边叫作东偏[图 4.2（b）]。东偏为（+），西偏为（-）。地球上各地的磁偏角都按期计算、公布以备查用。若某点的磁偏角已知，则测线的磁方位角 α_m 和真方位角 α 的关系为：$\alpha = \alpha_m \pm i$（磁偏角）。应用这一原理可进行磁偏角的校正，校正时可旋动罗盘的刻度螺旋，使水平刻度盘向左或向右转动（磁偏角东偏则向右，西偏则向左），使罗盘底盘南北刻度线与水平刻度盘 0°～180°连线的夹角等于磁偏角。经校正后测量时的读数就为真方位角（地质人，2019）。

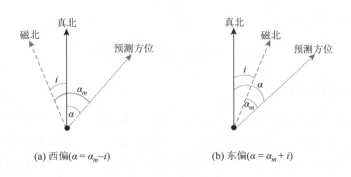

(a) 西偏($\alpha = \alpha_m - i$)　　　　　　(b) 东偏($\alpha = \alpha_m + i$)

图 4.2　西偏和东偏

i 为磁偏角；α 为真方位角；α_m 为磁方位角

1. 目的物方位的测量

测定目的物与测者间的相对位置关系，也就是测定目的物的方位角（方位角是指从子午线顺时针方向到该测线的夹角）。测量时放松制动螺丝，使对物觇板指向测物，即使罗盘北端对着目的物，南端靠着自己，进行瞄准，使目的物、对物觇板小孔、盖玻璃上的细丝、对目觇板小孔等连在一条直线上，同时使底盘水准器水泡居中，待磁针静止时，指北针所指度数即为所测目的物之方位角。若用测量的对物觇板对着测者（此时罗盘南端对着目的物）进行瞄准，指北针所指读数表示测者位于测物的方向，此时指南针所指读数才是目的物位于测者的方向，与前者比较，这是因为两次用罗盘瞄准测物时，罗盘的南、北两端正好颠倒，故影响测物与测者的相对位置。为了避免时而读指北针，时而读指南针，产生混淆，应以对物觇板指着所求方向恒读指北针，此时所得读数即所求测物之方位角（地质人，2019）。

2. 罗盘在地图上定点

结合地图，采用罗盘可以准确定位目标点（图 4.3）。①前方交会法是指已知测量人员附近 *A*、*B* 两点坐标（位置），为了计算前方未知点 *C* 的坐标（位置），只要测量 *C* 点相对于 *A*、*B* 两点的方位，通过 *A*、*B* 点向前延伸方位线交会于 *C* 点，确定其位置。②后方交会法是指已知测量人员前方的 *A*、*B* 两点坐标（位置），而未知测量人员自身的位置 *D* 点，可以通过测量 *D* 点相对于 *A*、*B* 两点的方位，通过方位线向后延伸交会于 *D* 点，确定其位置。根据控制精度，可以适当增加已知点的数量，如三点交会法等。

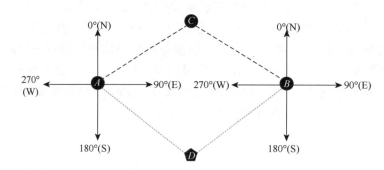

图 4.3　前方交会法和后方交会法

3. 岩层产状要素的测量

岩层产状要素包括岩层的走向、倾向和倾角（图 4.4）。岩层产状测量是野外地质工作最基本的工作方法之一，必须熟练掌握（地质人，2019）。野外测量岩层产状时需要在岩层露头测量，不能在转石（滚石）上测量，区别露头和滚石需要观察和追索，并善于判断（地质人，2019）。

（1）岩层走向测定。岩层走向是岩层层面与水平面交线的方向，也就是岩层任一高度上水平线的延伸方向。测量时将罗盘长边与层面紧贴，然后转动罗盘，使底盘水准器的水泡居中，读出指针所指刻度即为岩层走向。因为走向是代表一条直线的方向，它可以两边延伸，指南针或指北针所指读数正是该直线之两端延伸方向，如 NE30° 与 SW210° 均可代表该岩层走向（地质人，2019）。

（2）岩层倾向测定。岩层倾向是指岩层向下最大倾斜方向线在水平面上的投影，恒与岩层走向垂直。测量时，将罗盘北端或对物觇板指向倾斜方向，罗盘南端紧靠层面并转动罗盘，使底盘水准器水泡居中，指北针所指刻度即为岩层的倾向。如果在岩层顶面

图 4.4 地层/岩层产状测量

上进行测量有困难，也可以在岩层底面测量，仍用对物觇板指向岩层倾斜方向，罗盘北端紧靠底面，读指北针即可，如果测量底面时读指北针有障碍，则用罗盘南端紧靠岩层底面，读指南针亦可（地质人，2019）。

（3）岩层倾角测定。岩层倾角是岩层层面与假想水平面间的最大夹角，即真倾角，它是沿着岩层的真倾斜方向测量得到的，沿其他方向所测得的倾角是视倾角。视倾角恒小于真倾角，岩层层面的真倾斜线与水平面的夹角为真倾角，层面上视倾斜线与水平面之夹角为视倾角。野外分辨层面真倾斜方向甚为重要，它恒与走向垂直，此外可用小石子使之在层面上滚动或滴水使之在层面上流动，此滚动或流动方向即为层面真倾斜方向。测量时将罗盘直立，并以长边靠着岩层的真倾斜线，沿着层面左右移动罗盘，并用中指搬动罗盘底部的活动扳手，使测斜水准器水泡居中，读出悬锥中尖端所指最大读数，即为岩层真倾角（地质人，2019）。

岩层产状的记录通常采用方位角记录方式。如果测量出某一岩层走向为 310°，倾向为 220°，倾角 35°，则记录为 NW310° / SW∠35°或 310° / SW∠35°或 220°∠35°（地质人，2019）。

4. 高度测量

在户外调查中，可以使用罗盘测量树木、建筑高度或者建筑立面图。在测量时，选择较为开敞的场地，确定测量的基点 A。方法一［图 4.5（a）］，使用罗盘的倾角测量功能，测量观测点 C 相对于点 A 的角度 α，再借助测绳或者步测方法测量 A' 点到 C 点在地面投影点 B' 的距离 L，使用三角函数计算 BC 的高度 H，观测点的高度 CB' 为 H 加上测量人员手持罗盘距离地面的高度 H'。方法二［图 4.5（b）］，在地面 A' 和 D' 分别测量与观测点 C 的角度 α 和 β，再借助测绳或者步测方法测量 A' 点到 D' 点的距离 L，则可直接计算角度 γ；采用三角形 ACD 的正弦定理，计算 AC 长度 L'；在三角形

ABC 中，由 AC 长度 L' 和 $\angle A(\alpha)$，计算 H，最后由 $H+H'$ 得到 C 到地面的距离。采用罗盘测量高度存在一定的误差，在绘制建筑剖面图时可以根据地面测量线和建筑的结构特征进行误差修正，也可与测高仪等设备配合使用，综合锻炼学生使用传统方法测量物体高度的能力。

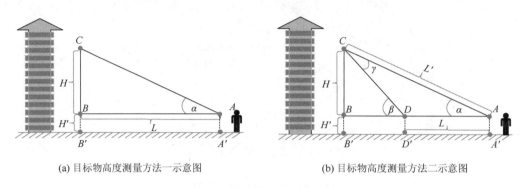

(a) 目标物高度测量方法一示意图　　　　　　　(b) 目标物高度测量方法二示意图

图 4.5　目标物高度测量方法

4.2　地质图读图与分析

4.2.1　地质图作用

19 世纪初，英国的 W. 史密斯（1769—1839 年）创立了"用化石鉴定地层"的方法，并在 1815 年出版了英国第一张具有岩石地层单位、古生物化石和地质时代的地质图，由此奠定了现代地质图的基础。随后的 150 多年来基本上是沿用这种传统的方法不断完善地质填图。直到 1976 年国际地层委员会颁发的《国际地层指南》由传统的方法转变为现代地层学方法，多重地层单位划分、岩石地层单位穿时性普遍原理应用等促进了当今数字化地质图的产生与广泛应用。地质图为人类的社会经济和文化发展做出了巨大的贡献（陈克强，2011）。地质图是进行地质、地理、环境等相关调查与研究的重要资料，图面包括地层顺序及时代、岩性特征、地质构造（褶皱、断层等）、矿产分布、区域地质特征等多种内容，表现形式为平面图、剖面图、综合地层柱状图等。地质图按专题属性可以分为基础地质图、水文地质图、工程地质图、环境地质图、生态地质图、第四纪地质图、岩相-古地理图、地质矿产图、构造纲要图和大地构造图等。

4.2.2　地质图读图步骤

（1）观察图名、图幅代号、坐标系、比例尺等。图名和图幅代号可以确定图幅所在地理位置。图名通常以图幅包含地区中最大居民点或主要河流、主要山岭等命名。掌握所有坐标系及投影方式。比例尺显示地物缩小程度以及地质现象在图上表示精度。同时还应注意地质图的调查单位、出版时间和制图人等相关信息。

（2）观察图例。通过图例可以了解制图地区出露哪些地层及其新老顺序等。图例一般放在图框右侧，地层一般用颜色或符号表示，按自上而下由新到老的顺序排列。每一图例为长方形，左方注明地质年代，右方注明岩性，方块中注明地层代号。岩浆岩的图例一般在沉积岩图例之下。构造符号放在岩石符号之下，一般顺序是褶曲、断层、节理、产状要素等。

（3）观察地质剖面。通过地质图相对图框上的两点画出黑色直线，两端注有 *AA'* 或 II' 等字样，这样的直线称为剖面线，表示沿此方向已经制作剖面图。

（4）分析图内的地形特征。地质平面图往往绘有等高线，可以据此分析山脉的延伸方向、分水岭所在、最高点、最低点、相对高差等。若不带等高线，可以根据水系的分布来分析地形特点，一般河流总是从地势高处流向地势低处，根据河流流向可判断出地势的高低起伏状态（多杰东知，2011）。

（5）读取地质内容。地质图读图与分析应当按照从整体到局部再到整体的方法。结合图例，先读取地质图上的一般地质情况，如地层或者岩体新老分布，地层之间的接触关系；再读取地质图上的地质构造特征，如褶皱、断层、节理和产状要素等。

4.3 路线地质剖面图绘制

4.3.1 剖面图内容

在进行路线地质观察时，可绘制路线剖面图。它配合文字描述，能够生动地反映地表及地下一定深度的各种地质现象。其特点有两方面：一是定量性，如地质产状、层厚、比例尺等是准确的，但地形、地质体间的相对距离等主要通过目测获得，不够精确；二是综合性，图中既要表达地形、地物，又要表达地层、岩性、构造等位置及其与其他地质体的关系。路线地质剖面图绘制的主要内容有：地形剖面线及方位、比例尺、重要的地名及水系、地质点号、岩性花纹、地层代号、接触关系、褶皱及断层形态及性质、产状、采样位置及编号等；室内整饰、着墨时应按规范加绘图例、书写图名和编写图号（邓江红等，2013）。

4.3.2 绘制方法

（1）确定比例尺。剖面图垂直比例尺一般和水平比例尺相同。路线地质剖面图的水平比例尺主要根据作图精度、路线长短及地质内容的复杂与变化程度等综合确定。如果精度要求较高、地质内容复杂多变，则比例尺相对较大；如果路线偏长，比例尺则需要适当缩小。考虑剖面图绘制及读图的便利性，一条路线剖面的内容最好控制在记录本一页内（邓江红等，2013）。

（2）绘地形剖面线。从路线起点开始目测前方地形变化处的平距，运用罗盘测量坡度角，结合步测距离及读图来校正平距和高差，按确定比例尺绘出地形剖面线。如果在路边观察露头，则以路面作为绘制地形剖面线的参考。地形剖面线绘制需要圆滑，地形线宽度应较一般地层、岩性、断裂等与地质相关的界线略宽（邓江红等，2013）。

（3）填绘地质内容。在地形剖面起伏线上的相应位置或按目测的地层或岩层、断层线等的水平距离，根据比例尺确定其在图上的具体位置，然后根据实测的地层或岩层产状、断层面产状等绘出地层或者岩层界线及断层线等，最后绘制岩性花纹、断层运动方向；发生褶皱的地层或岩层的对应层要依据褶皱横剖面的形态、产状等用虚线适当地相互连接起来，以大致反映地表下（或上）一定深（高）度的横剖面特征；标注地层代号、化石产出部位和采样位置等（邓江红等，2013）。

（4）图面整饰。添加图号、图名、数字比例尺、剖面方向、重要地名，绘制线段比例尺和图例等。尽量使用规定的图例，若有岩性花纹、断层代号、沉积构造等特殊图例时，建议参照相应规范编制。在室内整理时，对图面要素全部着墨（邓江红等，2013）。

（5）绘图注意事项。

第一，剖面方向。绘制路线地质剖面图时，面朝前进方向，若观察露头主要在左边，则由左向右绘制；若观察露头主要在右边，则需由右向左绘制。如果一条路线前进的方向差别较小，这条路线的剖面图仅标注一个总方向即可；如果路线中转折较大，则必须在方向改变处标出改变了的方向（邓江红等，2013）。

第二，倾角绘制。绘制分层线及断层线的倾斜方向时，要注意与路线前进方向的关系（是一致还是相反）；绘其倾角时，要考虑路线方向与岩层、断层走向的关系：如果是垂直或基本垂直，分层线和断层线的倾角可绘真倾角，否则应绘视倾角（邓江红等，2013）。

第三，岩性花纹。绘制岩性花纹时，应按照岩层实际出露顺序如实绘制，不得颠倒或任意组合填绘。地层单位的底、顶岩性特征必须如实绘出。还应注意岩层的单层厚度，是中层还是厚层等，要按"地质调查规范"绘相应的宽度。岩性花纹在剖面上的宽度，从地形线算起，垂直绘 1cm 宽左右，并随地形线起伏而起伏。当岩层倾角很缓或地形起伏很大时，可适当加宽（邓江红等，2013）。

第四，界线绘制。标志层和重要地质界线（如地层界线、断层线、矿层线等）的位置要绘准确。各界线要比岩性花纹中表示层面线的线条略粗或略长（加长一般应较岩性花纹宽度长 5mm 或以上），以便醒目（邓江红等，2013）。

4.3.3　剖面示例

（1）先绘制地形线，视实际地形轮廓而定，要画得圆润、美观；

（2）大致按比例（估计）表示地层分界、厚度，以及褶曲、断层等；

（3）填以通用的岩性花纹，但剖面不宜画得过宽，一般 1～2cm；

（4）地层分界线较花纹线要画长 0.5～1cm，以示醒目；

（5）各时代地层用通用代号表示；

（6）最后整图时，标以图名、方位角、岩层产状、作图日期等。

路线地质剖面图的示例见图 4.6。

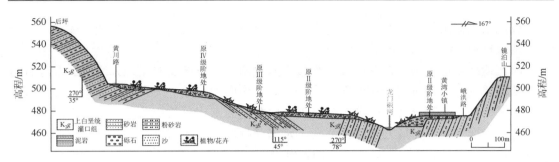

图 4.6　黄湾阶地剖面图

4.4　地质素描

地质景观素描所描绘的对象是具有观赏价值的地质景观，地质景观素描强调美观性与科学性的结合，注重对地质景观形态的塑造及其周围环境空间关系的展示，在表现地质现象的同时还原现实景观的形态，所绘制的内容并不完全照搬现实中看到的，而是有目的地取舍，突出强调其中的地质现象和景观的美感，如节理、擦痕、断层、褶皱等。

1. 在地质素描中遵循三大规则

（1）透视原理。地质景观素描要将地质对象的空间位置关系表现出来，使素描图更立体、更真实，这就必须遵循透视原理。透视原理是用来表达物体以及物体之间的相对位置关系、比例和结构的科学原理，表现在素描中主要为近大远小、近实远虚、近宽远窄等。

（2）主次分明。绘制地质景观素描应重点刻画画面中的主要地质景观或地质体，其他周围的景观起衬托主要景观的作用，用简单的线条带过即可。

（3）表达地质现象。地质景观素描不同于风景画，在绘制过程中除了注重对地质景观形态的塑造，还要体现其岩性、结构、成因等特点。例如，由沉积岩、页岩形成的地质景观，在绘制中要展现其平行层理；经过漫长的风化剥蚀形成的花岗岩山峰则要体现其突兀嶙峋的形态特点（强笑笑和武法东，2021）。

2. 地质景观素描绘制方法

地质景观素描绘制需要做好构图、景观外轮廓绘制、结构线处理、立体效果塑造等关键步骤（强笑笑和武法东，2021）。

（1）构图。在构图时应将主要景物放在画纸的正中间，且大小合适，所绘制的素描图大约占整个画面的 80%。首先应确定所要绘制的地质对象，在绘制地质景观素描时，为了突出主要的地质对象，可以将其周围的一些不必要的景物去掉（如植被、建筑等）。

（2）绘制景观外轮廓。根据景观之间相应的比例以及透视关系画出轮廓线。轮廓线一定要准确，且景物之间的相对比例位置应符合客观实际。

（3）处理结构线。根据所绘制景观地貌的形态结构，在轮廓线内填充相应的结构线。应根据地质对象的特征（如岩性、地貌、断层等）绘制结构线，对于磨圆度较好的岩石、平缓的丘陵应用平滑的曲线来描绘其结构；对于棱角状岩石、陡峭的山峰应该用硬朗的折线或线条来刻画结构；对于砂岩应用密集的点来表现；泥岩用平行组线来展示；对于大型地貌景观，结构线应该沿着地貌形态绘制。

（4）塑造立体效果。在图中设一个假想的光源，一般在图的左上方或右上方，面朝光源的面为受光面，背朝光源的面为背光面。受光面为亮面，线条比较稀少，在亮面中甚至会有一些高光部分，一般要留白处理，而背光面则相对暗一些，线条比较密集。受光面与背光面交界的区域为明暗交界线，是整个画面最暗的部分，该区域线条最密集，并逐渐过渡到亮面和暗面。地质素描的示例见图 4.7（强笑笑和武法东，2021）。

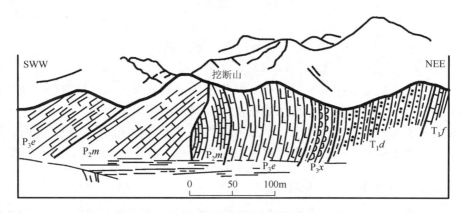

图 4.7　牛背山背斜及逆断层剖面素描图

参照 1∶20 万峨眉幅区域地质测量报告插图修改

4.5　景　物　写　生

景物写生是直接以大自然景物为表现对象，根据绘画人员的表现意图来描绘自然景物和场面的写生训练（李建强，2012），景物写生是路线调查及重要节点的信息记录方式。

（1）山。山在色彩透视上春、夏季多为蓝绿向蓝紫推移，秋季由黄橙向红紫推移，阴天时多为蓝灰、紫灰、绿灰等色。风景画中画远山较多，处理手法大多比较概括，用以衬托前景，体现空间，加强主题，丰富色彩。画山要层次分明，远山层次过渡朦胧，轮廓含蓄，线条起伏优美，一般用大笔、大色块概括；中景的山要画出一定的厚度和起伏走势，注意大的体积关系，山上裸露的岩石、植被要略有表现且符合山的形体关系；近景的山要肯定明确，转折强烈，用笔要随山势走向，并注意从山顶到山脚的色彩和明度变化。山顶较冷且重，山脚稍暖渐弱，山脚处要注意山与地面的过渡关系，要让人感觉到山是从地上长出来的。不同层次的山也要注意贯通，前后要有呼应、有联系，山在构图上的走势，要与其他物体的势态相呼应，表现山石要注意有方有圆，要强调大的体积厚度和形体转折，要体现石头的坚硬质感，必要时可用油画刀和厚颜料来塑造表现（李建强，2012）。景物写生的示例见图 4.8。

（2）水。水在景物写生中，常作为描绘对象，无论画乡村风景、城市风光，还是画园林小景都可能出现各种表现水的内容。水有动、静之分，静水倒影清晰；动水倒影、色彩模糊多变。一般要多观察、多分析，对水的色彩冷暖、前后、空间关系等要首先做到

图 4.8 景物写生示例（龙门洞河石船，何宇轩于 2016 年 10 月绘制）

心中有数；抓住流动水的感觉、色彩感受和规律性特征，落笔肯定、轻松而果断。水的色彩各不相同，倒影也同样如此。写生时应多分析不同的水质及各种水的特征。一般水的色彩感觉多受天空色彩及太阳光的影响，写生时要按客观环境因素具体分析和区别不同条件水的印象，要观察同一水平面远近水色明度与冷暖的区别，表现水面平远空间深度（李建强，2012）。

（3）树木。画树时要整体观察树的形状特征、色彩倾向；画树丛时，要分析它们的远近疏密和色彩的透视变化等。在一般情况下，树顶较亮，下部较暗，在用色上树顶往往受太阳光或天光的影响，而树的下部（阴面）则多受地面色彩的影响而变得发暖，在光线越强的情况下就越能体现地面对树暗部的影响变化。画树叶时不能一片一片地去画，而应将它们先分成几个组，在每一组中找出明暗分界的部分，接着分析它们的色彩倾向及变化。较密的树呈球体，体积感强，要先画；稀疏的树，形强而体弱，画时可以使之轻柔一些。画树干要表现出它的生命力，树枝要画得有弹性，粗糙的树皮可多用干笔触去表现（李建强，2012）。

（4）建筑物。画建筑物时首先要注意它的造型结构和透视变化，主要的结构要画得准确，并处理好主次、虚实等关系。画建筑物至少要有两个面才容易体现建筑的厚度、体积，要考虑角度的选择，根据画面需要，有时可用其他物体遮挡和破开建筑物的某部分，以取得画面的韵律和节奏。表现时也可根据远、中、近的空间透视加以归纳、取舍以及色彩处理。建筑物的结构体面明确，色彩受光与环境的影响也较清楚，一般受光的墙呈暖色；背光的近处墙面和屋檐下较暖，而在阴影中的所有物体都较冷。此外，向阳的房屋较亮、暖，天较暗冷，地比天亮；背阳光的房屋天地较亮，房屋也暗并偏冷色感。

在写生时要做到具体问题具体处理、不同现象不同对待。例如，在受光和背光的墙面上，色彩都会发生不同的变化，一般在靠近地面的部分都多少受到地面和环境色彩对其的影响，使建筑物与周围环境产生一定的色彩关系。在建筑的表现方面，不同的质感和材料可用不同的笔触去刻画。在表现墙面的受光部分及粗糙的质感上应多用干一些的笔触；在建筑的背光面运用大笔触或较湿的手法，明暗交界处用笔要肯定，在表现时要注意整体的观察，通过不同用笔并结合色彩变化来表现出不同时代建筑的艺术特征（李建强，2012）。建筑写生的示例见图 4.9。

(a) 峨眉院子写生(张妍妍2020年10月绘制)　　　(b) 黄湾小镇写生(张妍妍2020年10月绘制)

图 4.9　建筑写生的示例

4.6　地　理　摄　影

地理摄影是记录自然地理和人文地理要素及环境特征的摄影。在拍摄时需要注意地理对象的空间尺度，根据需要选取拍摄的内容、角度和距离。可以运用推、拉、摇、移、俯、仰等拍摄技法，记录全景和局部地理特征。在摄影时需要选择比例参照物，同时将摄影相关的数据和文字等信息一并收集。按照摄影分类、拍摄内容和拍摄注意事项简介如下（景小元和燕晋宁，2013）。

（1）地貌摄影。地貌拍摄对象分为重力地貌、流水地貌、河流地貌、岩溶地貌、冰川与冰缘地貌、风沙地貌、黄土地貌、海岸与海地地貌等，需要拍摄地貌宏观特征和微观特征，从而揭示内外营力对地貌形成与演化的作用。对远处的地貌，拍摄时可将光圈适当缩小，以增加景深，也可采用全景模式拍摄。对于近处地貌，可调准距离，也可缩小光圈，使远处和近处的地貌保持同样的清晰度。

（2）气象和水文摄影。气象摄影对象包括雷电、风、降雨、冰雪和云图等，另外可拍摄特殊气象作为补充，拍摄时需要注意拍摄安全。拍摄云图可以用蓝色滤光镜增加云彩的轮廓。拍摄雪景或雾凇等现象时，一般以在有阳光的晴天拍摄为好。要注意拍摄雷电、大雨等特殊天气现象时应该以地面的景物为参照物，以音像的方式记录时间、地点、方位、仰俯角、风速、气温和气压等气象要素信息。水文摄影对象主要是河流、湖泊、沼泽、冰川、常年积雪、地下水和海洋等，需要注意拍摄各种水体水位动态变化，同时关注各种水利设施状况。可用俯拍全貌的技法展现水资源和水环境特征。由于水体反射光线多，拍摄水体时可以缩小光圈，并适当调整快门速度。

（3）土壤和植物摄影。土壤摄影要素主要为土壤表层形态和土壤剖面等，可选择未受破坏剖面进行拍摄，重点关注成土母质以上层面的特征。拍摄需要最大程度记录土壤颜色，为土壤类型和层面划定提供依据。通过拍摄土壤表层的植被覆盖层，揭示植被与土壤的关系。植物摄影主要包括乔木、灌木、乔灌混合林、竹林、绿化林地等类型，以及天然草地和人工草地两类草地。拍摄植物群落可选择典型植被地段，需要关注植被所处生态环境和植被自身的层次结构，尽量在阳光充足的天气采用小光圈拍摄。拍摄植物个体照片最好采用近景拍摄，将植物的根、茎、叶、花和果实等要素采集在一起拍摄。

（4）交通摄影。主要拍摄交通工具、道路和交通设施等。交通工具包括火车、汽车、飞机和轮船等。道路包括铁路、公路、城市道路和乡村道路等。交通设施包括车站、机场、码头、隧道和桥梁等。拍摄时以交通工具作为参照物，表明交通和设施类型，可采集道路里程碑和路牌等标识信息。

（5）农业地理摄影。主要拍摄农业生产条件、土地利用类型、农作物栽培过程。农业生产条件包括地形、气候、水源、土壤和生物等自然条件，交通和劳动力等社会经济条件，以及农业生产所需的水利水工设施。土地利用类型包括水田、水浇地、旱地等耕地类型，以及果园、桑园、茶园、橡胶园等园地类型。农作物栽培过程包括整地、播种、田间管理、收获等环节。

（6）工业地理摄影。主要拍摄厂矿的区位、名称、标志性建筑及所处的自然条件、生产规模和经济条件及生产过程等。可以拍摄厂矿全貌，也可拍摄车间或生产流程。在室内拍摄宜采用广角镜头或闪光灯，可拍摄厂矿的展览馆（室）展示内容，收集厂矿的发展历史及规划信息。

（7）商业地理摄影。主要拍摄商品流通、批发、零售、饮食、服务，物流公司、商场、超市、酒店和银行等要素信息，需要确定拍摄站立地点坐标，拍摄对象的方位角、距离、仰俯角、单位牌名，同时记录成立时间和规模等属性信息。

（8）聚落和城市地理摄影。主要拍摄聚落自然条件和城镇场景，采集多层及以上建筑区群、低矮建筑区群、村落、休闲娱乐、景区、体育活动场所、名胜古迹、宗教场所的全貌，获取主要街道和闹市区及典型建筑物的外貌和结构等影像，注意拍摄能反映城镇的历史代表性建筑。建议采用高处俯拍城镇和聚落鸟瞰影像的拍摄方式，还可结合录音等方式记录人文地理信息。

4.7　无人机应用

无人机遥感系统具有低成本、高出勤、高分辨率、易携带等优点，可以用于实习中的地形地貌、建筑环境、土地利用和植被环境调查。应用无人机采集场地的照片和视频，可以获取目标对象与周围环境的相关信息，也可将无人机采集数据与卫星遥感数据、规划设计数据或其他数据进行对比或集成，从而使学生更加全面地理解调查场地的资源与环境信息。无人机飞行需要在国家法律和法规许可的前提下，无人机操作人员需要具有飞行资质，确保设计的飞行高度和路线在安全和可控的水平。无人机的飞行控制需要设置在空旷场地，无人机操作人员应掌握目标区域的地形地貌与气候环境。在山区飞行时注意山体、云雾和高压电线（塔）等影响，控制无人机飞行距离。在无人机飞行前做好无人机状态调试，在飞行过程中监测气象条件动态变化，做好飞行风险防控。

4.8　手机应用程序（APP）应用

1. 地质云

新上线的"地质云"手机版，能基于空间位置实现周边地质信息随时随地智能获取。云端在线提供地质志、矿产志、矿业年鉴、技术标准、地质词典、科普读物、宣传册、音视频等权威行业信息和地学科普产品，可为社会公众了解地球科学知识提供便捷的权威渠道，为行业人员提供便捷服务。"地质云"是由中国地质调查局主持研发的国家地质大数据共享服务平台，2017 年 11 月，"地质云 1.0"上线运行，实现了地质调查数据共享。以"地质云"建设为核心，加强调查监测数据的及时汇聚，深度挖掘开发地质资料，研发地质分析评价系统，不断提升社会化服务水平（王少勇，2018）。在调查点开启"地质云"，通过调用图层获取相关地质信息，可以结合地质图及野外观察丰富野外观察信息。

2. 奥维互动地图

奥维互动地图浏览器是基于 Google API、Baidu API、Sogou API 的跨平台地图浏览器，支持 iOS、Android、Windows、Winphone、Web 五大平台。奥维互动地图基本版集多种知名地图于一体，拥有语音导航、好友位置分享、记录轨迹、指南针等各种功能，野外应用可以提前下载离线地图（祝河清，2017）。可以将设计的调查路线和调查点导入奥维互动地图，作为调查的提示信息。也可将地质图的地层岩性界线和断层线等要素信息导入奥维互动地图，便于做现场核实和信息记录。同时还可以借助奥维互动地图的拍照功能，将点位信息与照片信息保存。

3. 植物识别应用程序

（1）花伴侣。它是由鲁朗软件（北京）有限公司和中国科学院植物研究所联合开发的一款植物识别类软件。该款软件能识别中国野生及栽培植物 3000 属，近 5000 种，使用者只需要拍摄植物的花、果、叶等特征部位即可鉴定出植物的名称、分类和价值等。

（2）形色。它是由杭州睿琪软件有限公司开发的一款拍照识花应用程序，使用者可以随时随地拍照上传植物照片即可了解植物花名和寓意等内容。该应用程序可识别大约 4000 种植物，准确率高达 88%（胡刚等，2020）。

第5章　地理实习路线

地理实习路线主要包括地质环境、自然地理、人文地理方面的内容，在地质与地理基础知识准备充分的前提下，按照从易到难的实习原则，分别设计川主河-符汶河、龙门洞河、虎溪河三条路线，建议实习时间为1周。

5.1　地质与地理基础知识准备

5.1.1　国家岩矿化石标本资源共享平台信息自学

"国家岩矿化石标本资源共享平台"创建于2003年，是科技部直属国家科技基础条件平台的重要组成部分及成果之一。平台整合了我国收藏的具有科学价值的岩矿化石标本资源30余万件，除设有标本信息、古生物化石群专题、典型矿床专题、珠宝玉石特色专题、地学专题、系统矿物学查询系统、精美视频外，还设有全球各国及地区的岩矿化石标本资源网链接（图 5.1），为地学领域科学研究、科技创新、专业教学、科学普及提供服务。

图 5.1　国家岩矿化石标本资源共享平台

（1）教学目的：利用"国家岩矿化石标本资源共享平台"收集与峨眉山地区相关的矿物、岩石和化石标本信息，了解每种标本形成环境及对地理环境与城乡规划的影响。

（2）内容与要求：依托"国家岩矿化石标本资源共享平台"及关联网站等资源，指导学生查询与峨眉山地区及相邻地区的典型矿物、岩石、化石标本，掌握峨眉山地区常见的岩石、矿石和化石特征，分析其形成的物理、化学和生物环境，以及衍生的资源与环境效应。

5.1.2　成都自然博物馆参观学习

成都自然博物馆［图 5.2（a）、（b）］是由成都市人民政府与成都理工大学在校区内共同策划、筹备、建设的一所自然博物馆，设有地质环境厅、矿产资源厅、龙行川渝厅、探秘恐龙厅、生命探源厅和缤纷生命厅等。

 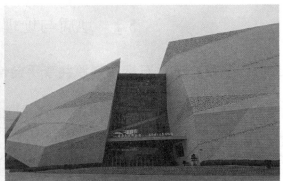

(a) 成都自然博物馆航拍图（2022年无人机拍摄）　　　　　　　(b) 成都自然博物馆入口

图 5.2　成都自然博物馆

（1）教学目的：利用成都自然博物馆的展品，指导学生收集与峨眉山地区相关的矿物、岩石、化石标本信息，掌握地质环境与地质资源的作用关系，分析地质环境对地理环境及城乡规划的影响。

（2）内容与要求：观察成都自然博物馆的外部环境，参观六大展厅，学习博物馆的外部与内部环境营造方式，学习展厅与展品的布局与设计思路；重点依托地质环境厅，指导学生深入了解宇宙与地球的形成、内外动力地质作用；重点通过四川盆地微缩地貌沙盘、成都平原（都江堰）全景场景等掌握四川盆地和成都平原的形成原理，明确四川地学旅游资源的空间分布及其与城乡规划的关系；通过地质灾害沉浸影院和九寨沟生态恢复沙盘等了解四川易发的地质灾害类型以及防灾减灾与科技应用等内容；思考复杂生态地质环境区的国土空间规划要领。

5.2　实习基地地质沙盘与岩矿标本观摩

5.2.1　地形与地质沙盘

峨眉山地区地形与地质沙盘（图 5.3）由峨眉实习基地委托制作，沙盘主要展示该区域的地形地貌、地质构造、地质建造（地层）、人文地理等内外地质营力，具有直观、简洁等优点，可以用作实习区域环境认知和关键地质、地理要素分析等。

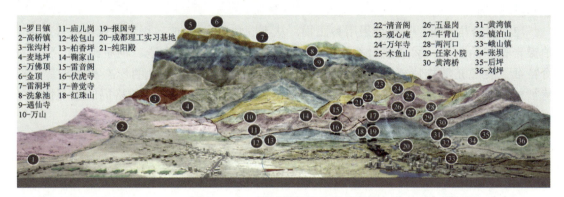

1-罗目镇	11-庙儿岗	19-报国寺	22-清音阁	26-五显岗	31-黄湾镇
2-高桥镇	12-松包山	20-成都理工实习基地	23-观心庵	27-牛背山	32-镜泊山
3-张沟村	13-柏香树	21-纯阳殿	24-万年寺	28-两河口	33-峨山镇
4-麦地坪	14-鞠家山		25-木鱼山	29-任家小院	34-张坝
5-万佛顶	15-雷音阁			30-黄湾桥	35-后坪
6-金顶	16-伏虎寺				36-刘坪
7-雷洞坪	17-善觉寺				
8-洗象池	18-红珠山				
9-遇仙寺					
10-万山					

图 5.3　实习基地的地形与地质沙盘

（1）教学目的：认识峨眉山地区地质和地貌格局；学习分析地形、地质和其他自然与人文地理要素之间的作用关系。

（2）内容与要求：①对照峨眉山地区相关地形图和地质图，观察地形地貌、地质构造、地质建造（地层）的三维空间分布；②结合该区域的气候、植被和人类活动等要素的空间分布，分析人类活动对地貌的适应与改造过程；③学会观察河流地貌的形态、功能和资源环境效应；④观察聚落和城镇空间分布特征及其资源环境承载和约束条件；⑤学会使用沙盘设计和分析实习路线，观察关键点位；⑥采用素描图方式记录沙盘信息，总结典型区域的沙盘分析信息。

5.2.2　岩石标本园

标本园［图 5.4（a）］位于实习基地大门内北侧，按照基地内部平面空间规划和景观设计的要求，服务岩矿知识科普目的，收集和展示峨眉山地区典型的岩石样本，整体划分为岩浆岩［图 5.4（b）］和沉积岩两个展示片区。

(a) 标本园2021年无人机俯拍图　　　　　　(b) 标本园岩浆岩展区

图 5.4　岩石标本园

（1）教学目的：掌握不同天然石材主要产品和应用领域（附录5）；学习近景（标本）照片的拍摄方法；认识峨眉山地区典型岩石样品的地质特征，学习用素描图表达岩石形态和纹理特征。

（2）内容与要求：①学会采用参照物，从不同角度（镜向）、用不同比例尺（远近）拍摄岩石样品照片；②观察岩石标本的颜色、厚度、结构、构造、物质组分、裂隙发育特征、裂隙充填物特征等，学习采用素描图表达典型岩石标本的形态和纹理等关键特征；③从岩石分类及景观设计的角度，思考如何提升岩石标本摆放格局的美观性和知识系统性。

5.3 川主河-符汶河路线

川主河-符汶河路线西起川主庙，东至熊坝，区内涉及川主河、净水河和符溪河，地跨丘陵和褶皱低山两类地貌单元（图5.5）。区内从新到老出露全新统、名山组、灌口组、夹关组、天马山组、蓬莱镇组、遂宁组和上沙溪庙组（图5.6）。该区平均海拔556m，平均坡度14.78°，年降水量1159mm，年平均气温17.58℃，土壤类型主要为紫色土和水稻土。

5.3.1 地质环境

1. 天马山组与夹关组界线（D0101）

（1）教学目的：认识地层岩性、地质界线、风化差异，分析其地质环境影响。

图5.5 川主河-符汶河路线2020年遥感影像图

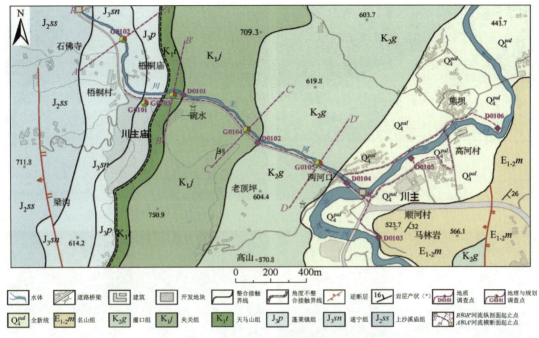

图 5.6　川主河-符汶河路线地质图

（2）内容与要求：①在川主庙西 4km 里程碑处，观察天马山组与夹关组整合接触关系［图 5.7（a）、（b）］，观察夹关组底部层间砾岩的成分、大小、形态、排列等特征。②观察下白垩统天马山组、下白垩统夹关组岩性。观察夹关组中砂岩的单层厚度，观察大型板状斜层理［图 5.7（c）］、平行层理底冲刷构造［图 5.7（d）］、波痕、泥裂［图 5.7（e）］等沉积构造，判断地层层序。③观察夹关组中的砂岩［图 5.7（f）］、粉砂岩、泥岩沉积韵律［图 5.7（g）］，尝试解释其成因。④观察岩石风化作用导致河流沿岸地貌差异，分析其对沿河地质稳定性的影响。⑤观察岩性和岩层产状对地貌的影响。⑥观察土壤发育和植被发育情况。⑦分析两套地层对土地利用方式的不同影响。⑧查找资料，分析夹关组对建筑选材及摩崖石刻等产生的影响。

（a）夹关组与天马山组界线
（川主庙，镜向S）

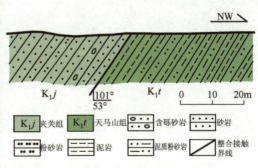

（b）夹关组与天马山组接触关系示意图

(c) 大型板状斜层理

(d) 底冲刷构造

(e) 泥裂构造

(f) 块状层砂岩（镜向N）

(g) 夹关组沉积韵律及差异风化（镜向N）

图 5.7　天马山组与夹关组界线（D0101）

（3）知识补充：沉积韵律是在一定的构造条件下，沉积相在垂直剖面中有规律的变化。地壳上各级构造运动都在沉积建造中留下痕迹，沉积韵律就是其中之一。沉积韵律是指按颗粒从大到小、按比重从大到小的顺序先后分层沉积而成岩层的规律，在地层剖面上，表现在从老到新的顺序上，岩层依粒度从粗到细，依次为粗砂岩—中砂岩—细砂岩—粉砂岩—泥岩。具体可以划分为地槽型韵律、地台型韵律和地洼型韵律（关尹文，1985）。沉积韵律既是地质人员辨别地层是否倒转的定律，又是辨别海进沉积和海退沉积的法宝。海进和海退的沉积韵律，表现在地层剖面上海进海退沉积韵律是海进海退沉积学说的说法，海进沉积韵律柱状图可见于湖相、河相、火山碎屑沉积相等的沉积岩中。例如，粉砂岩、泥岩与泥灰岩的互层，韵律层厚度薄至几厘米、几米，韵律层系厚达几百米。规模较大的"沉积韵律"常构成"沉积旋回"，强调的是沉积作用和过程的重复。大多数沉积韵律与地壳运动、海平面与气候以及沉积物变化引起沉积环境的周期性变化有关。

2. 夹关组与灌口组界线（D0102）

（1）教学目的：认识夹关组与灌口组岩性，识别岩石差异风化，分析两套地层对地质环境的不同影响。

（2）内容与要求：①在千岩东 100°约 150m 公路南壁，观察下白垩统夹关组与上白垩统灌口组的整合接触关系（图 5.8）；②观察分析灌口组岩石组合特征，并与夹关组岩性进行对比；③根据岩性变化特点，观察和分析灌口组下部岩性、接触界线特征及确定接触关系的依据；④根据风化地貌特征及岩层产状，确定夹关组与灌口组的界线；⑤观察地层岩性对地貌的影响；⑥观察层理与节理、裂隙发育情况；⑦观察风化作用差异、土壤发育和植被发育情况；⑧分析两套地层对道路边坡的影响；⑨分析两套地层对河流环境的影响。

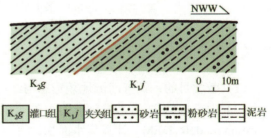

(a) 夹关组与灌口组界线（镜向SEE）　　　(b) 夹关组与灌口组整合接触界线示意图

图 5.8　夹关组与灌口组界线

3. 名山组地质现象（D0103）

（1）教学目的：认识名山组的岩性组合特征，识别其差异风化作用结果；认识名山组对地貌、土壤、植被及土地利用的影响。

（2）内容与要求：①在川主公路大桥上游 150m 龙门洞河右岸-两河口处，观察古新统—始新统名山组底部砂岩，观察岩石中的差异风化现象［图 5.9（a）、（b）］；②测量名山组产状，测量砂岩、粉砂岩、泥岩的厚度，观察不同岩性的成分、粗细、颜色等差异［图 5.9（c）］；③观察不同层理岩石的节理和裂隙发育及含水性差异；④观察不同岩性的差异风化及对土壤发育的影响；⑤观察层理面的不同类型植物发育情况，观察河流地貌及名山组浅丘地貌［图 5.9（d）］；⑥观察名山组分布区的土地利用情况。

(a) 名山组岩层（镜向NW）

(b) 名山组岩层分布示意图

(c) 名山组"泡砂岩"（镜向SE）

(d) 名山组2020年遥感影像图

图 5.9　名山组地质现象（D0103）

5.3.2　河流环境

（1）教学目的：调查河流地貌形态与结构，分析其成因及带来的资源与环境效应。

（2）内容与要求：①收集河流的水文观测数据，应用 GIS 软件和数字高程模型（digital elevation model，DEM）计算集水面积、河道长度、平均宽度、平均坡度、弯曲度等特征数据；②学习绘制河流的纵剖面图［图 5.10（a）］和横断面图［图 5.10（b）］；③调查河段特征，收集河道形态、槽滩分布、支流与分流、急滩或壅水等特征信息并分析成因；④观察阶地特征，包括砾石成分、粒径、分选性、磨圆度和球度、砾石排列及产状、填缝物、阶地级序、阶坎前缘拔河高度、阶坎相对高度、阶面最大宽度、阶面完整度、分布特点、堆积物厚度、堆积物特征；⑤调查堤防、桥涵、渠道、拦河坝等水工建筑对水流的影响；⑥调查沿河古建筑、岩壁、村庄、农作物利用等；⑦对历史上洪水发生时间进行调查，对最高洪水水位留下的水迹、挂淤物、泥印、树木等进行分析辨认；⑧对人类活动影响进行调查，包括河道疏浚、裁弯取直、河网化工程、筑坝、开渠、堆渣等影响；⑨为提高知识掌握水平，可参考学习表 5.1 中列举的河流生境调查指标。

（3）补充知识：河流生境调查以 500m 长的河段为调查单位。调查数据主要通过两

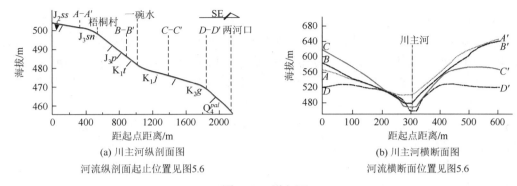

(a) 川主河纵剖面图

河流纵剖面起止位置见图5.6

(b) 川主河横断面图

河流横断面位置见图5.6

图 5.10　川主河

种方式获得：一种是分析地形图、土壤类型分布图等基础图件，获取调查河段海拔、坡降、地质、地貌、土壤类型等数据；另一种是对河床、河岸以及河岸坡顶外侧 50m 范围内的河流生境进行实地考察。调查河段中每间隔 50m 设置 1 个调查断面，对各断面依次调查。调查内容主要包括 8 项（表 5.1）。河岸坡顶土地利用类型、河岸植被层次两项指标调查范围是以各调查断面为中心长 10m 的河岸，其他调查项目的调查范围为以各调查断面为中心长 1m 的河段。断面调查完毕后，对河段整体特征进行记录，对断面调查中遗漏信息进行补充。主要调查内容如表 5.1 所示。左右岸的河岸高度、河岸剖面形态、河岸土地利用类等指标需分开记录。测量河道几何特征时选择具有浅滩生境的平直河段。选用激光测距仪器、水文测杆、皮尺等工具直接测量河岸高度、平滩宽度、水深、水面宽度等指标。

表 5.1　河流生境调查指标（王强等，2014）

项目	调查指标
基于图件获取信息	海拔、坡降、地质地貌、土壤类型等
河床	河道几何特征：河岸高度[1]、平滩宽度、水深、水面宽度等； 河床底质主要类型[2]：基岩、漂砾、圆石、砾石/卵石、细砂、淤泥、黏土、人工底质等； 流态主要类型[2]：自由跌落、斜槽、破损驻波、驻波、混流、涟漪、上涌、平滑、静止、干涸等； 水工构筑物数量与规模：涵洞、水坝/水闸、简易公路、桥梁、取水口/排污口等； 河床特征[2]：裸露的基岩、裸露的漂砾、有/无植被的心滩等； 河床植被类型与覆盖度：地钱和苔藓、挺水阔叶草本、挺水莎草科/禾本科植物、浮叶/漂浮/两栖植物、沉水阔叶植物、沉水细叶植物等； 特殊地貌：浅滩、水潭、边滩、心滩分布及数量
河岸[1]	河岸材质类型[1][2]：基岩、漂砾、圆石、卵石、砂砾/细砂、泥土、泥炭、胶质黏土、混凝土、编织物、木桩、砌石等； 河岸改造程度[1][2]：切坡、加固、筑堤等； 河岸特征（河岸稳定性和边滩植被）[2]：侵蚀/稳定河岸、有/无植被的曲流/侧向边滩等； 河岸坡顶土地利用类型（坡顶外侧0～5m）[1][2]：林地、灌丛、旱地、水田、果园、自然湿地、人工水体、建城区等； 河岸剖面形态[1]：垂直、平缓、阶梯状等； 河岸植被层次[1][2]：即苔藓层、草本层、灌木层、乔木层等层次总数量
河谷形态与河岸土地利用	河谷形态：浅 V 形、深 V 形、深谷形、碗状、不对称形、U 形； 河岸土地利用类型（坡顶外侧0～50m 范围）[1]：林地、灌丛、旱地、水田、果园、自然湿地、人工水体、建城区等

　　注：①河流左右岸分开记录；②断面调查时记录指标。

（4）D0105 两河口河流形态观察：①在川主大桥观察川主河与净水河（黄湾河），比较两条河流河谷形态差异（图 5.11），并分析原因；②观察两河汇合的河口形态，分析流水侵蚀作用与地质构造的关系；③分析川主公路大桥上游净水河右岸有阶地而左岸缺失的原因；④在川主公路大桥上游河漫滩上，观察描述龙门洞河现代沉积物砾石成分、粒径、磨圆度、长轴方向与最大扁平面倾向等，归纳河流沉积物的特征；⑤在两河口至川主河上游小桥一带观察并描述川主河沉积物（砾石成分、大小、形状、分选性、排列等），并与龙门洞河的沉积物进行比较，分析形成差异的原因。

(a) 川主河地貌
2022年无人机拍摄，镜向NW

(b) 两河口地貌
2022年无人机拍摄，镜向NW

(c) 两河口河流地貌
2022年无人机拍摄，镜向S

(d) 符汶河地貌
2022年无人机拍摄，镜向NE

图 5.11　河流河谷形态

（5）D0104 川主河畔一级阶地观察。该观察点（图 5.12）位于川主河畔南东方向，为堆积阶地，未见基岩。①测量阶面前缘拔河高度、阶坎相对高度、阶面最大宽度，评价阶面完整性；②估算堆积物厚度，观察堆积物特征、砾石分选程度、砾石成分；③测算堆积层产状；④结合杜能农业圈层模型画简图，示意不同土地利用强度及效益的圈层。

（6）D0105 熊坝二级阶地观察。该点（图 5.13）位于熊坝北约 600m 符溪河西岸，为基座阶。①测量阶面前缘拔河高度、阶坎相对高度、左岸和右岸阶面最大宽度，评价左岸和右岸的阶面完整性；②观察河流两岸凹凸形态发育情况；③估算堆积物厚度，观察和分析堆积物特征，识别砾石成分；④评价左岸和右岸的土地利用方式差异，画简图示意农业土地利用圈层；⑤观察阶地基座岩性和顶面形态，测量岩层产状。

图 5.12　川主河一级阶地（镜向 S）

A-残积层-土壤；B-漫滩沉积-砂质层；C-河床沉积-砾石层

图 5.13　熊坝二级阶地（镜向 W）

A-河漫滩沉积-沙泥层；B-河床沉积-砾石层；
C-基座-灌口组

5.3.3　坡地开发

生态"坡地村镇"建设是指在严格保护耕地和生态环境的前提下，利用丰富的低丘缓坡资源优势，按照"整体谋划、制度先行、逐步推进、规范实施、结果可控"的原则，在保护耕地和保护生态的前提下，将具备建设条件的山坡地开发为城镇、农村、旅游观光以及绿色产业建设用地，建设"房在林中，园在山中"的山、水、田、林、园、村、镇为一体的生态型坡地村镇和绿色产业，探索一条统筹"保耕地、护生态、促发展"的山坡地开发利用途径。利用山坡地进行新型城镇化、美丽乡村建设和生态休闲旅游等项目开发建设用地政策制度进行探索创新，提出"多规合一、精细用地""点状布局、垂直开发""征转分离、分类管理""点面结合、差别供地""以宗确权、一证多地"政策[1]。

（1）教学目的：学习生态"坡地村镇"开发模式，评价其利弊，探究资源环境可持续开发和保护途径。

（2）内容与要求：①应用卫星遥感图像［图 5.14（a）、（b）］跟进梧桐村 2 组的坡地开发进展，调查坡地建筑的开发和利用状况［图 5.14（c）］；②思考生态环境及风貌恢复和修复的方法；③对比和思考其他类似区域开发的可能性。

---

① 浙江省"坡地村镇"建设用地试点工作. http://zld.zjzwfw.gov.cn/art/2019/6/24/art_ 1657399_34862093.html [2022-07-22].

(a) 梧桐村2组2018年遥感图像　　　　　　　　(b) 梧桐村2组2021年遥感图像

(c) 梧桐村2组坡地开发（2021年无人机拍摄，镜向SE）

图 5.14　梧桐村 2 组

5.4　龙门洞河路线

　　龙门洞河路线西起清音水电站，向东至新桥村，大致沿龙门洞河分布，行政区划属于黄湾镇。该区平均海拔 640m，平均坡度 22.65°，路线地跨丘陵、褶皱低山、褶皱断块中低山，年降水量 1188mm，年平均气温 16.41℃。土壤类型主要为石灰（岩）土和黄壤，属于高植被覆盖区（图 5.15）。区内从新到老出露上沙溪庙组、下沙溪庙组、自流井组、珍珠冲组、须家河组、雷口坡组、嘉陵江组、飞仙关组、东川组、宣威组、峨眉山玄武岩组、茅口组。区内分布有回龙山断层、挖断山断层和牛背山背斜等典型地质构造（图 5.16）。该路线主要关注地质环境、河流地貌和坡地开发等方面的内容。

图 5.15　龙门洞路线区 2020 年高分遥感影像图

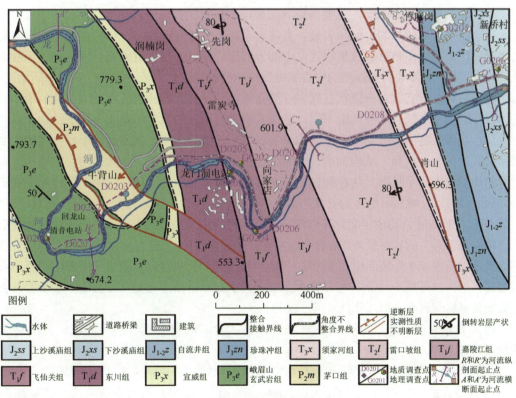

(a) 龙门洞路线区地质图

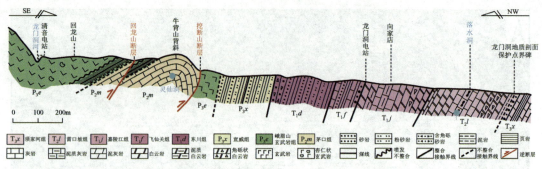

(b) 龙门洞路线地质剖面示意图（根据剖面资料综合改编）

图 5.16　龙门洞路线

5.4.1　地质环境

1. 峨眉山玄武岩及柱状节理（D0201）

峨眉山玄武岩系 1929 年由赵亚曾先生命名，原指四川西南部峨眉山区覆盖于茅口灰岩之上的玄武岩，后泛指西南云、贵、川三省大面积分布的以晚二叠世玄武岩为主的暗色岩。玄武岩主要矿物由基性斜长石和辉石组成，SiO_2 含量为 45%～53%，$K_2O + Na_2O$ 含量约为 3.6%，铁镁矿物含量为 40%～70%，主要为斑状结构，气孔状、杏仁状、枕状及柱状节理等构造。玄武岩浆喷发后形成厚的岩流和岩被。玄武岩系具多个喷发旋回，一个完整的喷发旋回底部为厚度变化大的火山角砾岩或集块岩，中部为韵律式变化的厚大熔岩流，顶部见较多凝灰岩或沉积岩夹层。大体经历了强烈的中心式爆发→宁静的裂隙式溢流→间歇性喷溢的活动过程。每个旋回按致密状玄武岩→斑状玄武岩→气孔或杏仁状玄武岩的岩石序列细分为若干个喷发韵律。不同类型玄武岩形成环境不同，造成其喷发后形成的原生结构面、构造结构面以及表生风化、次生改造所形成的浅表生结构面的表现形式不一样。影响玄武岩地质特性的主要因素是玄武岩的岩石类型、结构构造、空间组合关系以及后期改造。玄武岩柱状节理构造以其特殊的地貌形态、罕见而又壮观的自然风光强烈地吸引着地质、地理学家的关注和考察研究（孙书勤，2011）。峨眉山地区的玄武岩北起两河口，南至大为，东自九里，西达苦蒿坪等地，出露面积约 $200km^2$，构成了北北东向绵延雄伟的峨眉山。在峨眉山主峰的金顶和万佛顶形成了"峨眉天下秀"的壮丽景观。清音水电站玄武岩剖面厚度约 257.68m，可分为 24 套岩性层，归为 9 个溢流层和 3 个旋回层（熊舜华和李建林，1984）。从清音水电站至回龙山峨眉山玄武岩组底界一段，可见 7 个韵律层。在大乘寺—接引殿一带，还可见到玄武质集块熔岩、玄武质凝灰角砾岩等岩石类型（邓江红等，2013）。

（1）教学目的：认识该点的三种峨眉山玄武岩，认识玄武岩柱状节理，分析玄武岩的地质环境影响。

（2）内容与要求：观察点自清音水电站大门开始，至玄武岩柱状节理观察点为止。①观察微晶玄武岩典型特征［图 5.17（a）、（b）］，该类玄武岩为灰黑色，微晶结构，块状构造，矿物由微晶辉石和微晶斜长石组成；②观察斜斑玄武岩典型特征［图 5.17（c）、（d）］，该类玄武岩为灰黑色，斑状结构，块状构造，岩石主要由斑晶和基质组成，基质为灰黑色的微晶基性斜长石和普通辉石，斑晶为灰白色的板条状基性斜长石，玻璃光泽，可见解理；③观察杏仁状玄武岩典型特征［图 5.17（e）、（f）］，该类玄武岩为灰黑色，微晶结构，杏仁状构造，杏仁体形态多为圆形和椭圆形，直径为 5～10mm，含量为5%左右，充填物为石英、方解石、绿泥石，可见圈层构造；④学习玄武岩柱状节理的形成机理，观察玄武岩柱状节理［图 5.17（g）］的柱体直径柱长、断面形态［图 5.17（h）］、层节理，利用层节理产状确定玄武岩层面产状，统计 1m×1m 范围内的节理数量；⑤对比分析龙门洞地区的玄武岩柱状节理与金顶柱状节理的空间分布差异和构造特征差异；⑥分析玄武岩对回龙山的山体（陡崖）和龙门洞河流地貌的影响，从玄武岩的物理及化学特征分析其产生的水文地质与工程地质影响；⑦练习绘制柱状节理素描图；⑧通过查阅资料，分析西南地区多个水电站大坝选址在花岗岩区的原因。

(a) 微晶玄武岩（龙门洞）　　(b) 微晶玄武岩（基地样品）　　(c) 斜斑玄武岩（龙门洞）

(d) 斜斑玄武岩（基地样品）　　(e) 杏仁状玄武岩（龙门洞）　　(f) 杏仁状玄武岩（基地样品）

(g) 柱状节理　　　　　　　　　　　　(h) 柱状节理断面

图 5.17　峨眉山玄武岩及柱状节理（D0201）

2. 峨眉山玄武岩组与茅口组界线（D0202）

（1）教学目的：认识地层平行不整合接触关系、古风化壳特征、回龙山断层。

（2）内容与要求：该点位于玄武岩柱状节理观察点东侧。①观察峨眉山玄武岩组底部的岩性特征；②观察峨眉山玄武岩组与下伏茅口组的平行不整合接触关系［图 5.18（a）］；③观察风化壳的剖面物质、颜色、层理变化［图 5.18（b）］，思考风化壳反映的地质环境与古地理环境信息［图 5.18（c）］；④通过地层岩性特征、地貌异常和典型破碎带等标志判定回龙山断层的空间分布［图 5.18（d）］；⑤用地质罗盘测量断层的断面产状，确定上盘和下盘，进一步判定断层性质；⑥观察茅口组灰岩的颜色、厚度和产状等特征［图 5.18（e）］，从地貌、溶蚀和风化物等角度描述其出露特点；⑦练习绘制回龙山断层示意图。

(a) 峨眉山玄武岩与古风化壳
（回龙山，镜向N）

(b) 古风化壳
（回龙山，镜向N）

(c) 硬岩上部分侵蚀的古风化剖面的概念模型（Portal et al., 2017）

(d) 回龙山断层（无人机2022年拍摄，镜向SW）

(e) 回龙山断层示意图

图 5.18　峨眉山玄武岩组与茅口组界线（D0202）

　　古风化壳是指地质历史时期，地壳表层岩石经长期风化作用后所形成的分布于地壳表层的残积物。它的存在代表了一定时期地壳上升、海平面下降、原岩暴露于水面之上而遭受风化剥蚀的现象，所以古风化壳面是一类典型的层序界面。

　　3. 牛背山背斜和挖断山断层（D0203）

　　（1）教学目的：认识背斜和断层的构成要素与主要特征。
　　（2）观察内容：①对照地质图［图 5.19（a）］，观察牛背山背斜（灵仙洞东约 50m 处）［图 5.19（b）］，认识背斜构造的组成要素［图 5.19（c）～（e）］，分析其成因及与灵仙洞的关系；②观察该点北东方向出露的峨眉山玄武岩特征，注意玄武岩的岩层厚度变化及地质起因；③观察挖断山断层，获取断层的证据信息，采集断层面产状及断层性质信息；④观察挖断山断层破碎带内构造角砾岩特征，观察断层的负地形特征；⑤分析灵仙洞矿泉水开发利用情况［图 5.19（f）］。

（a）牛背山背斜与挖断山断层地质图

（b）牛背山背斜及挖断山断层地貌（镜向NW）

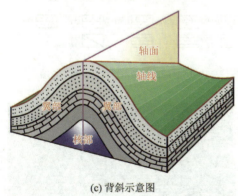

（c）背斜示意图

（d）牛背山背斜（镜向N）

(e) 背斜核部（镜向N）

(f) 泉口（镜向SW）

图 5.19　牛背山背斜和挖断山断层（D0203）

4. 宣威组与东川组地质现象（D0204）

（1）教学目的：认识宣威组与东川组的岩性及组合特征，识别典型层理等地质现象，分析宣威组、东川组产生的地貌、土壤、植被和道路等环境影响。

（2）内容与要求：①在挖断山地质剖面保护点石碑 65°方向、平距约 145m 处河谷底左岸，观察宣威组与东川组的整合接触关系［图 5.20（a）、（b）］；②观察宣威组岩石组合特点；③观察东川组岩石组合特点［图 5.20（c）、（d）］；④观察东川组砂岩中的剥离面理［图 5.20（e）］、平行层理［图 5.20（f～g）］、斜层理［图 5.20（g）］、底冲刷构造［图 5.20（g～h）］、槽形交错层理［图 5.20（i）］等典型地质现象；⑤观察东川组不同粒径（粗、中、细）的砂岩、粉砂岩和泥岩及特征；⑥观察东川岩石的差异风化

(a) 宣威组与东川组地层界线
龙门洞水电站西北方向河流左岸，镜向 N

(b) 宣威组与东川组整合接触示意图

(c) 宣威组顶部泥质粉砂岩中含氧化铜
龙门洞水电站北西左岸，镜向 N

(d) 东川组紫红色砂岩
龙门洞水电站北西左岸，镜向 N

(e) 东川组剥离面理
龙门洞水电站北西左岸，镜向 N

(f) 东川组平行层理
龙门洞水电站北西左岸，镜向朝下

(g) 平行层理-斜层理-底冲刷
龙门洞水电站北西左岸，镜向朝下

(h) 东川组底冲刷
龙门洞水电站北西左岸，镜向朝下

(i) 东川组槽形交错层理
龙门洞水电站北西左岸，镜向 SE

(j) 东川组岩层差异风化现象
龙门洞水电站北西左岸，镜向 SE

图 5.20　宣威组与东川组地质现象（D0204）

作用［图 5.20（j）］及泥裂等现象；⑦分析宣威组、东川组产生的地貌、土壤、植被和道路等环境影响。

5. 飞仙关组地质现象（D0205）

（1）教学目的：识别飞仙关组的岩性及组合特征，识别重荷模、波痕及缝合线构造等典型地质现象，分析飞仙关组产生的地貌、土壤、植被和道路等环境影响。

（2）内容与要求：①观察东川组与飞仙关组的整合接触关系［图 5.21（a）、（b）］；

②观察飞仙关组顶部含玉髓砾石的砂岩、粉砂岩、泥岩的旋回层；③观察飞仙关组其他层位的灰白色灰岩与紫红色砂岩、粉砂岩、泥岩的旋回层；④在大桥东头路壁上观察 X 形剪节理［图 5.21（c）］，辨析层理与节理；⑤识别飞仙关组的潮汐、包卷层理，重荷模［图 5.21（d）］、泥裂、波痕［图 5.21（e）］、虫迹［图 5.21（f）］及缝合线构造［图 5.21（g）］等典型地质现象及其反映的沉积环境差异；⑥观察飞仙关组碎屑岩（红）与灰岩（白）互层（红白相间）的岩石组合特征，分析"石船"［图 5.21（h）］的形成原因；⑦观察飞仙关组岩性组合及产状等对地貌及河流环境和道路环境产生的影响。

(a) 东川组与飞仙关组地层分界
龙门洞水电站正北公路边，镜向 N

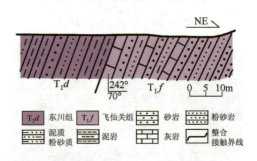

(b) 东川组与飞仙关组整合接触示意图

(c) 飞仙关组粉砂岩中X形剪节理
龙门洞大桥左岸，镜向 NE

(d) 飞仙关组砂岩中重荷模
龙门洞河左岸，镜向 E

(e) 飞仙关组灰岩中波痕印模
龙门洞河左岸，镜向 NE

(f) 飞仙关组粉砂岩中虫迹印模（表示岩层倒转）
龙门洞河左岸，镜向 NF

(g) 飞仙关组灰岩中缝合线构造　　　　　　(h) 飞仙关组中红色砂岩与灰白色灰岩形成的"石船"
　　龙门洞河左岸，镜向NE　　　　　　　　　　龙门洞大桥，镜向SSE

图 5.21　飞仙关组地质现象（D0205）

缝合线构造是压溶构造的一种，为碳酸盐岩中常见的一种裂缝构造，其成因有争论，但多数认为主要受上覆地层压力和温度作用而形成溶蚀。缝合线构造是碳酸盐岩中常见的一种裂缝构造。在岩层剖面上，它呈现为锯齿状的曲线，即称为缝合线。在沿此裂缝破裂面上，呈现出参差不平、凹凸起伏的面，此即缝合面。缝合线的构造有的与层面平行，甚至和平面一致，有的和层面交叉。

重荷模与火焰构造属于软沉积变形，未固结的砂岩体由于重力的作用向下沉入泥岩中，形成向底面凸出的砂模（重荷模），而下伏的饱含水分的泥岩向上覆砂模之间贯入砂岩体，进而形成火焰状构造，焰状尖端指向岩层顶面（图 5.22）。

 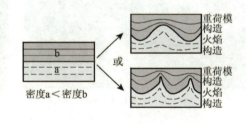

(a) 重荷模与火焰构造　　　　　　　　　(b) 重荷模与火焰构造示意图
　　龙门洞河左岸，镜向下　　　　　　　　　据 OWEN（2003）修改

图 5.22　重荷模与火焰构造及示意图

龙门洞大桥下河心处有一条巨大的奇石，长约 35m，宽 2.5m，常高出水面约 2m，其形似船，船内色彩灰白中带有浅浅的红褐色，似经卷层层叠放，俗称"普贤石船"。船形石脊中灰白色的岩层为灰岩，紫色的岩层为细砂岩、泥质粉砂岩夹薄层泥岩。紫色的岩层经历构造变动，裂隙相对发育，因其抗风化能力较差，在流水的长期侵蚀作用下，逐渐形成较低的凹槽，加速了差异风化的进程，造就了差异侵蚀的地质景观（图 5.23）。

图 5.23　"普贤石船" 2022 年无人机图像

6. 嘉陵江组地质现象（D0206）

（1）教学目的：认识嘉陵江组的岩性及组合特征，识别鸟眼及格子状构造等，分析嘉陵江组地貌、土壤、植被和道路等产生的环境影响。

（2）内容与要求：①观察飞仙关组与嘉陵江组的整合接触关系［图 5.24（a）］；②观察嘉陵江组下部岩性，为黄灰色白云岩夹云泥岩；③观察嘉陵江组中部岩性，为灰紫色灰岩及泥灰岩［图 5.24（b）］；④观察嘉陵江组上部岩性，以黄灰色白云岩为主夹

(a) 飞仙关组与嘉陵江组界线
龙门洞河右岸，镜向 NE

(b) 嘉陵江组中部泥灰岩及倾倒变形
峨洪路，镜向 N

(c) 嘉陵江组渠迹构造
峨洪路，镜向 NE

(d) 嘉陵江组膏溶角砾岩与格子状构造
峨洪路，镜向 N

图 5.24　嘉陵江组地质现象（D0206）

紫红色膏溶角砾岩，具潮汐层理、渠迹［图 5.24（c）］、鸟眼及格子状构造［图 5.24（d）］等；⑤观察嘉陵江直立岩层对地貌环境和河流环境的影响。

7. 雷口坡组地质现象（D0207）

（1）教学目的：认识雷口坡组的岩性及组合特征，识别斜层理、水平层理和鸟眼构造等典型地质现象，分析雷口坡组地貌、土壤、植被和道路等产生的环境影响。

（2）内容与要求：①在龙门洞口西 100m 坡上任家小院东侧，观察嘉陵江组（$T_1 j$）与雷口坡组（$T_2 l$）整合接触关系［图 5.25（a）］；②观察雷口坡组底部岩性，即浅绿灰白色水云母黏土岩（"绿豆岩"）、云泥岩、纹层状及中层状白云岩［图 5.25（b）］；③观察雷口坡组中部的岩性，观察灰岩的厚度、产状及节理变化特征［图 5.25（c）］；④观察雷口坡组上部的岩性及产状变化，识别白云岩、含石膏白云岩夹膏溶角砾岩，关注白云岩的刀砍纹特征，寻找出露区域的斜层理、微波状、微细水平层理和鸟眼构造等典型地质现象；⑤分析雷口坡组对斜坡环境、道路环境及河流环境的影响，分析泉水产出的原因。

(a) 嘉陵江组与雷口坡组分界处岩层
任家小院东，镜向 NW

(b) 雷口坡组中层状白云岩
峨洪路，镜向 N

(c) 雷口坡组中部中厚层–厚层白云质灰岩
峨洪路，镜向 NW

(d) 雷口坡组白云岩表面的刀砍状风化
峨洪路，镜向 N

图 5.25　雷口坡组地质现象（D0207）

龙门洞泉：出露于龙门洞河左岸雷口坡组（$T_2 l$）灰岩、白云质灰岩中图 5.26（a），受岩溶侵蚀和裂隙发育影响，岩溶水沿顺层裂隙流出，在低洼处出露成泉，向龙门洞河排泄。泉水清澈透明，无色、无臭（枯水季可有硫化氢味）无味，水质类型为重碳酸硫

(a) 雷口坡组（T_2l）灰岩、白云质灰岩
泉挂点南东向30m处，镜向SW

(b) V形谷及泉挂
镜向SE

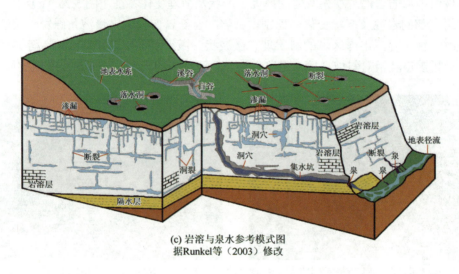

(c) 岩溶与泉水参考模式图
据Runkel等（2003）修改

图 5.26　龙门洞泉

酸钙型水（HCO_3-SO_4-Ca），涌水量为 0.36～0.6m^3/s。泉口无承压现象，与地表水关系密切，为岩溶裂隙下降泉 [图 5.26（b）]。龙门洞泉的形成模式可参照图 5.26（c）。

8. 须家河组地质现象（D0208）

（1）教学目的：观察须家河组的岩性组合及产状变化，分析其造成的地质环境影响。

（2）内容与要求：观察雷口坡组（T_2l）与须家河组（T_3x）组的整合接触关系（图 5.27），界线点位于黄湾大桥南西 300m，龙门洞剖面保护点石碑北壁；从西向东沿路依次观察须家河组底部的深灰色、灰黑色薄-中层灰岩，泥灰岩与泥岩或页岩的韵律层；观察须家河组下部为灰、深灰色砂岩、粉砂岩、碳质页岩及劣质煤层或煤线的旋回层，与底部间见厚层硅质石英砂岩；观察须家河组中上部，以泥岩为主，其次为灰、黄灰色砂岩、粉砂岩、泥岩的旋回层；观察中上部、下部及底部的岩性组合差异和产状变化，以及造成的土壤发育和植被分布差异，对比其对斜坡及道路的影响。

(a) 雷口坡组与须家河组分界示意图　　　　　　　　(b) 须家河组底部灰黑色泥质灰岩与
峨洪路，镜向 SW　　　　　　　　　　　　　　　灰黄色泥质粉砂岩
峨洪路，镜向 NW

图 5.27　须家河组地质现象（D0208）

5.4.2　地质灾害

（1）实习目的：调查典型地质灾害孕育与发生的原因，分析其危害和治理措施。

（2）内容与要求：以滑坡野外调查表（附录 6）为引导，以滑坡灾害形态（图 5.28）为参照，根据地质环境条件复杂程度划分依据（表 5.2），以龙门洞水电站对岸滑坡 [图 5.29（a）]、清音水电站东侧滑坡 [图 5.29（b）] 为代表，通过访问、调查和资料收集，掌握滑坡灾害 8 个方面的信息（中国地质调查局，2008）。①调查滑坡形态与规模：滑体的平面、剖面形状，长度、宽度、厚度、面积和体积。②调查滑坡边界特征：滑坡后壁的位置、产状、高度等；滑坡两侧界线的位置与形状；前缘出露位置、形态、临空面特征及剪出情况；露头上滑床的性状特征等。③调查滑坡的表部特征：微地貌形态，裂缝分布、方向、长度、宽度、产状等特征。④调查滑坡的内部特征：观察滑坡体的岩体结构、岩性组成、松动破碎及含泥含水情况，滑带的数量、形状、埋深、物质成分、胶结状况，

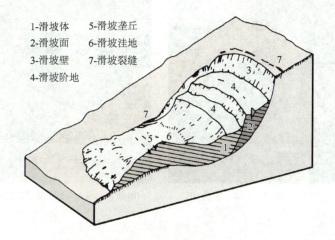

1-滑坡体　　5-滑坡垄丘
2-滑坡面　　6-滑坡洼地
3-滑坡壁　　7-滑坡裂缝
4-滑坡阶地

图 5.28　滑坡形态示意图（Varnes，1958）

滑动面与其他结构面的关系。⑤调查变形活动特征：结合滑坡稳定性野外判定标准（表5.3），访问了解滑坡发生时间，目前的发展特点（斜坡、房屋、树木、水渠、道路等变形位移等）及其变形活动阶段（初始蠕变阶段、加速变形阶段、剧烈变形阶段、破坏阶段、休止阶段），滑动方向、滑距及滑速，简析滑坡的滑动方式和目前的稳定状态。⑥调查滑坡成因：调查降水、洪水和崩塌加载等自然因素，以及植被破坏和切坡等人为因素等对滑坡形成的作用。⑦调查滑坡危害情况：调查滑坡发生发展历史，破坏地面工程、环境和经济损失等情况；简要分析与预测滑坡的稳定性和滑坡发生后可能成灾范围及灾情。⑧调查滑坡防治情况：调查滑坡灾害监测及工程治理措施等防治现状及效果。

表 5.2   地质环境条件复杂程度划分

等级	地质条件复杂	地质条件中等	地质条件简单
地形地貌	极高山、高山，相对高度>500m，坡面坡度一般>25°山地	中山、低山，相对高度200～500m，坡面坡度一般>15°～25°山地	高丘陵、低丘陵，坡面坡度一般<15°
地质构造	褶皱、断裂构造发育，新构造运动强烈，地震频发，最大震级 M_S>6 或地震加速度 A>0.1g	褶皱、断裂构造发育，新构造运动强烈，地震较频发，4.5<最大震级 M_S≤6 或 0.05g<地震加速度 A≤0.1g	地质构造简单，新构造运动微弱，活动断裂不发育，地震少，最大震级 M_S≤3 或地震加速度 A≤0.05g
岩（土）体构造	层状碎屑岩体，层状碳酸盐岩夹碎屑岩体，片状变质岩体，碎裂状构造岩体，碎裂状风化岩体；淤泥类土、湿陷性黄土、膨胀土、冻土等特殊类土	层状碳酸盐岩体，层状变质岩体；粉土，黏性土	块状岩浆岩体；碎砾土，砂土
人类工程活动	大、中型水库，公路、铁路沿线边坡开挖量大，矿山开采活动强烈，城镇化建设速度快，城镇率>30%	小型水库，公路、铁路沿线边坡开挖量较大，矿山开采活动较强烈，城镇化建设速度较快，城镇化率20%～30%	无水库工程建设，公路、铁路沿线开采活动微弱，城镇化建设速度缓慢，城镇化率<20%

资料来源：中国地质调查局，2008。

(a) 龙门洞水电站对岸滑坡（2018年拍摄，镜向 NE）   (b) 清音水电站东侧滑坡（2021年拍摄，镜向 N）

图 5.29   滑坡灾害

表 5.3 滑坡稳定性野外判定标准

滑坡要素	不稳定	较稳定	稳定
滑坡前缘	滑坡前缘临空，坡度较陡且常处于地表径流的冲刷之下，有发展趋势并有季节性泉水出露，岩土潮湿、饱水	前缘临空，有间断季节性地表径流经，岩土体较湿，斜坡坡度在30°～45°	前缘斜坡较缓，临空高差小，无地表径流经和继续变形的迹象，岩土体干燥
滑体	滑体平均坡度＞40°，坡面上有多条新发展滑坡裂缝，其上建筑物、植被有新的变形迹象	滑体平均坡度在25°～40°，坡面上局部有小的裂缝，其上建筑物、植被无新的变形迹象	滑体平均坡度＜25°，坡面上无裂缝发展，其上建筑物、植被未有新的变形迹象
滑坡后缘	后缘壁上可见擦痕或有明显位移迹象，后缘有裂缝发育	后缘有断续小裂缝发育，后缘壁上有不明显变形迹象	后缘壁上无擦痕和明显位移迹象，原有的裂缝已被充填

资料来源：中国地质调查局，2008。

5.4.3 河流环境

（1）实习目的：调查河流地貌形态与结构，分析其成因及资源与环境效应。

（2）内容与要求：①分析地质构造、地层岩性对河流形态的影响，如回龙山的河流；②对比不同河段的下蚀、侧蚀作用差异，及其对河流沿岸斜坡稳定性的影响；③通过DEM 数据绘制，对比龙门洞河纵断面［图 5.30（a）］和横断面［图 5.30（b）］，分析成因；④收集河流的形态、岸线、宽度、水位、流速、流量、水温、颜色、透明度和水质等特征信息［图 5.30（c）～（f）］；⑥调查河床的砾石和泥沙的级配以及空间分布特征；⑦观察砾石成分、粒径、分选性、磨圆度和球度、砾石排列及产状和填缝物等特征；⑧关注河流地质及水文特征对水利水电开发的影响，包括清音水电站、龙门洞水电站和配套的拦水坝和引水渠等水利设施的选址原则，评价水电开发对水资源时空分布及水环境质量的影响；关注峨眉山市饮用水水源准保护区（全长 5.4km）、一级保护区（全长 1.1km）、二级保护区（全长 3.2km）。

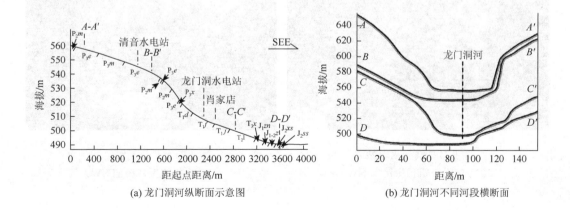

(a) 龙门洞河纵断面示意图 (b) 龙门洞河不同河段横断面

(c) 清音水电站SE150m处河床（2021年无人机拍摄，镜向 NW） (d) 龙门洞水电站处河床（2021年无人机拍摄，镜向 NW）

(e) 龙门洞河向家店处河床（2021年无人机拍摄，镜向 SW） (f) 龙门洞河口新桥（2021年无人机拍摄，镜向 SW）

图 5.30　河流环境

　　清音水电站（图 5.31）位于黄湾镇龙门村二组（回龙山），其发电水源引自清音湖，于 1979 年开始发电。龙门洞水电站位于黄湾镇龙门村向家店，建成于 1960 年，是引水式电站，电站总装机容量 500kW。

　　龙门洞水电站（图 5.32）位于峨眉山风景名胜区内，在枯水期，减水河段基本断流，改变了风景名胜区内水资源、水环境自然状态，不利于风景名胜区内自然环境及生态资源的保护，峨眉山市自 2017 年 7 月 31 日起关停龙门洞水电站，停机放水。

图 5.31　清音水电站　　　　　　　　　图 5.32　龙门洞水电站
（2021 年无人机拍摄镜向 NW）　　　　（2020 年拍摄，镜向 SW）

5.4.4　道路环境

　　（1）实习目的：调查山区道路规划设计、建设和运行维护的影响因素，重点分析地形地貌、地层岩性、地质构造、水文和人类活动等要素的作用机制。

（2）内容与要求：①以新桥村到挖断山段的主干道和支路为调查对象［图5.33（a）～（d）］，结合山区道路的规划设计准则，逐一对照各种地质和地理要素对道路的影响；②关注道路的线形、弯道、宽度、车速、坡度、视距和交通工程等运营环境；③观察道路标志牌（限速、限重、限高、严禁超车、连续下坡、事故多发、禁停等）及其所反映的特殊道路环境；④观察地层岩性、岩层产状、断层、节理、裂隙和褶皱等要素对地貌和道路的影响，思考道路修建和运营对地质环境造成的影响（表5.4）；⑤观察坡度、切割度、坡形、坡位、坡向和斜坡结构等地形地貌因子对道路安全的影响；⑥分析河流和泉水等对路基稳定性的影响，学习道路排水设施设计的主要技巧；⑦观察和对比不同危险路段采取的削坡、锚固、支顶、防护网（钢绳、绞索）、挡墙和生物治理措施的差异；⑧观察植物对道路斜坡稳定性的影响，植被覆盖产生的水土保持作用，植物根劈作用造成的局部失稳影响；⑨观察道路两侧绿化植物，分析竹子作为快速绿化植物的利弊；⑩调查和评价支路与主路（峨洪路）的连接方式，思考提高支路汇入安全性和降低对主干道干扰的方法，思考如何通过构筑物、指示牌、景观小品和植物景观的设计或者改造，提升景区道路的文化形象。

(a) 挖断山"之"字形道路转弯

(b) 至清音水电站水泥路

(c) 向家店河流凸岸道路转弯

(d) 龙门洞水电站对岸道路灾害明洞防护

图 5.33　无人机拍摄 2022 年道路环境

表 5.4　道路等工程对地质环境影响分级指标综合表（陈廷方等，2006）

因子	较轻	较强	强烈	极强烈
地质构造	地质构造不发育，浅层断裂稀少，无深断裂	地质构造较发育，浅层断裂较少，深断裂切割	地质构造发育，浅层断裂较多，深断裂带状分布	地质构造发育，浅层断裂密集，深断裂带交会区
地层产状	水平及缓倾斜地层	中等倾斜地层	大角度内倾斜地层	大角度外斜地层
地形坡度	<10°	10°～25°	25°～35°	>35°
岩体结构	整体块状结构	层状结构	碎裂结构	散体结构
岩性组合	无风化，坚硬岩体	弱风化，较坚硬岩体	软弱岩土体	松散体，软弱土
土石方量	工程量不大	工程量较大，高填深挖段少	工程量大，部分地段高填深挖	工程量大，高填、深挖多
高填深挖	<10m	10～15m	15～20m	>20m
弃方	弃方少	弃方较多，弃土场地稳定	弃方多，弃土场地稳定性较差	弃方多，弃土场地稳定性差
水体	地表水、地下水系统未被破坏	局部地表水排泄渠道破坏，地下水系统未破坏	地表水、地下水系统受到较强破坏	地表水、地下水系统受到强烈破坏
地质灾害	岸坡稳定性好，无大型崩塌及滑坡，泥石流不发育，危害轻微	局部产生大型滑坡及崩塌，泥石流较发育，危害中等	少量大型滑坡或崩塌，中小型较多，泥石流较发育，危害严重	大量产生崩塌、滑坡及泥石流，并有地裂缝，危害十分严重

5.4.5　聚落环境

新桥村聚落位于黄湾小镇的西北侧，与之隔龙门洞河相望，地处山麓与河流阶地的交接地带，其上游为三级水源地保护地。村落面积约 0.4km^2，呈集中分布空间形态，建筑为风格多样的川西普通民居（图 5.34），主要土地利用类型为建设用地、耕地、园地、林地。

(a) 竹麻岗居民风貌（2021年拍摄，镜向N）　　　(b) 新桥村聚落环境（2021年无人机拍摄，镜向NW）

图 5.34　聚落环境

（1）教学目的：分析聚落成因，探讨聚落振兴的途径。

（2）内容与要求：从地质环境和地理环境的视角，分析新桥村聚落形成及演变的原因。结合《乡村振兴战略规划（2018—2022 年）》，通过数据收集和现状调查，从四个维度探讨新桥村等地的乡村振兴途径。①建设生态宜居的美丽乡村：推进农业绿色发展；提升村容村貌、建立健全整治长效机制，改善农村人居环境；发挥自然资源多重效益，开展乡村生态保护与修复。②繁荣发展乡村文化：保护利用乡村传统文化、重塑乡村文化生态；丰富乡村文化生活。③保障和改善农村民生：加强农村基础设施建设；提升农村劳动力就业质量；增加农村公共服务供给。④完善城乡融合发展体系：加快农业转移人口市民化；强化乡村振兴人才支撑；加强乡村振兴用地保障。绘制聚落平面图，完成调研报告。

5.5 虎溪河路线

该路线西北自伏虎寺开始，向东南至天下名山广场，属虎溪河流域控制区，行政区划主体属于黄湾镇，东南小部分区域属于罗目镇。该区平均海拔 578m，平均坡度 10.89°，地貌上属于丘陵与平原的过渡区［图 5.35（a）］。区内从新到老出露中更新统、名山组、灌口组、夹关组、遂宁组、上沙溪庙组、下沙溪庙组、自流井组、珍珠冲组、须家河组［图 5.35（b）］，区内分布有报国寺断层等典型地质构造。该区年降水量 1164mm，年平均气温 17.40℃，土壤类型为黄壤和水稻土，属于高植被覆盖区。路线设计以虎溪河为主线［图 5.35（c）］。

(a) 虎溪河路线2020年遥感影像图

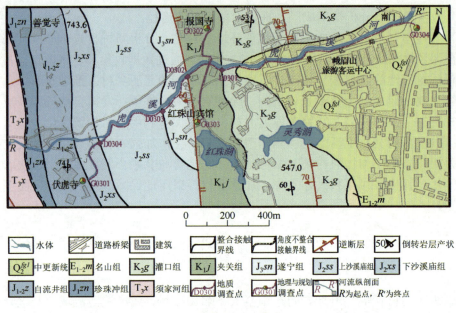

(b) 虎溪河路线地质图

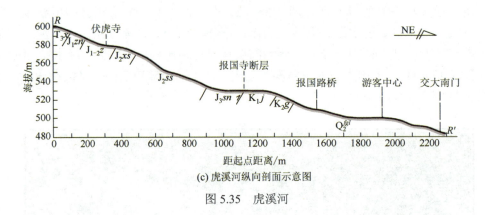

(c) 虎溪河纵向剖面示意图

图 5.35　虎溪河

5.5.1　地质与河道环境

1. 灌口组与夹关组界线（D0301）

（1）教学目的：观察灌口组与夹关组岩性及产状变化，分析其地质环境影响。

（2）内容与要求：该点位于峨眉山第一山亭的北偏西 40°方向约 150m 处。观察灌口组与夹关组整合接触关系［图 5.36（a）～（b）］；观察灌口组中的砖红色、紫红色中-厚层粉砂岩、泥岩，观察其层理特征；观察夹关组中的砂岩、粉砂岩、泥岩沉积韵律［图 5.36（c）］；观察岩石差异风化作用导致河流沿岸地貌差异；观察河道宽度、坡度、弯曲度，观察砾石成分、粒径、分选性、磨圆度和球度、砾石排列及产状等特征。分析紫红色夹关组砂岩与第一亭旁红色摩崖石刻的呼应关系。

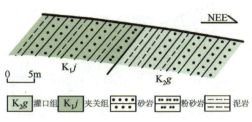

(a) 灌口组与夹关组整合接触示意图

(b) 灌口组中层泥质粉砂岩

(c) 夹关组差异侵蚀（发育壶穴）

图 5.36　灌口组与夹关组界线（D0301）

2. 夹关组与遂宁组界线（D0302）

（1）教学目的：识别报国寺断层的宏观地貌，识别夹关组与遂宁组岩性及产状变化，分析其地质环境影响。

（2）内容与要求：该点位于报国寺南偏西 19°方向约 280m 处（103°26'24.52"E，29°34'5.61"N，海拔 527m）。结合地质图、地貌图、遥感图观察夹关组、遂宁组岩性；观察夹关组、遂宁组的断层接触关系［图 5.37（a）、（b）］；①观察遂宁组的砖红色泥岩，以及砂岩、粉砂岩及薄层泥灰岩［图 5.37（c）］；②观察岩石差异风化作用导致河流沿岸地貌差异；③观察河道宽度、坡度、弯曲度，观察砾石成分、粒径、分选性、磨圆度和球度、砾石排列及产状等特征。

3. 上沙溪庙组与遂宁组界线（D0303）

（1）教学目的：观察上沙溪庙组与遂宁组岩性及产状变化，分析其地质环境影响。

（2）内容与要求：该点位于红珠山宾馆南偏西 72°方向约 180m 处，坐标为103°26'19.96"E，29°34'0.20"N，海拔为 541m。①观察遂宁组与上沙溪庙的整合接触关系（图 5.38）；②观察上沙溪庙组的砂岩、粉砂岩、泥岩，观察斜层理、平行层理等；③观察岩石差异风化作用导致河流沿岸地貌差异；④观察河道宽度、坡度、弯曲度，观察砾石成分、粒径、分选性、磨圆度和球度、砾石排列及产状等特征；⑤观察河道生境质量变化。

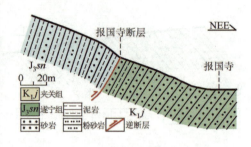

(a) 报国寺断层所在区域遥感影像图　　　　　(b) 夹关组与遂宁组断层接触示意图

(c) 遂宁组砖红色泥岩夹泥质粉砂岩

图 5.37　夹关组与遂宁组界线（D0302）

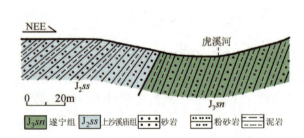

(a) 遂宁组与上沙溪庙组整合接触示意图　　　　(b) 上沙溪庙组砂岩夹泥岩

图 5.38　上沙溪庙组与遂宁组界线（D0303）

4. 上、下沙溪庙组界线（D0304）

（1）教学目的：观察上、下沙溪庙组的岩性组合及产状变化，分析其地质环境影响。

（2）内容与要求：该点位于报国寺北偏东 36°方向约 200m 处。该点坐标为 103°26'8.44"E；29°33'55.26"N，海拔为 580m。①观察下沙溪庙组的砂岩、粉砂岩、泥岩的旋回层，观察斜层理、平行层理等［图 5.39（a）～（c）］；②观察河道宽度、坡度、弯曲度，观察砾石成分、粒径、分选性、磨圆度和球度、砾石排列及产状等特征；③观察岩石差异风化作用导致河流沿岸地貌差异［图 5.39（d）］；观察河道生境质量变化。

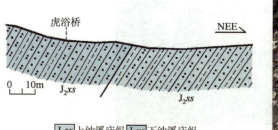

(a) 上、下沙溪庙组接触关系示意图

(b) 下沙溪庙组紫红色夹灰黄色粉砂岩

(c) 下沙溪庙组紫红色夹灰黄色粉砂岩

(d) 下沙溪庙组岩性差异形成跌水

图 5.39 上、下沙溪庙组界线（D0304）

5.5.2 生物多样性保护地

1. 教学目的

掌握植物类型调查方法，评价分析生物多样性的价值。

2. 内容与要求

（1）峨眉山常绿阔叶林生物多样性监测样地调查（图 5.40）：该样地主要监测常绿阔叶林生态系统的结构、生物多样性以及对人类活动、生态环境的响应。监测起始时间为 2010 年；样地面积为 6000m²；监测单位为四川省自然资源科学研究院峨眉山生物站和四川省环境保护科学研究院。采用植物识别 APP，收集植物类型信息，统计和分析样地植物的群落特征和空间分布特征，评价该样地及周围常绿阔叶林的生物多样性价值。

图 5.40　多样性监测样地（2021 年拍摄）

　　（2）楠木古树群调查（图 5.41）：根据峨眉山风景名胜区管理委员会 2015 年 10 月调查结果可知，该群落位于海拔 550～700m，地处峨眉山报国寺至伏虎寺一带，占地面积 4hm²，东至报黄路、南至罗峰庵、西至伏虎寺至雷音寺路、北至黄湾。群内有楠木 48 株，林内郁闭度 0.7。乔木层以楠木、柏木、灯台树、黄葛树、樟、板栗、杉木等为主；林下灌木密度 30%，有姜花、水麻、构树、女贞等；地被植物密度 40%，有冷水花、扁竹兰、报春花等。土壤为山地黄壤，土层厚度 100cm，林分平均高 30m，林分平均胸围 220cm。楠木为我国特有的珍贵木材树种，是著名"金丝楠木"的主要来源树种，自古以来被广泛用于高级建筑和高档家具等的制作，更成为后期封建帝王的"皇木"，尤其是明清以来对楠木的严重砍伐，使楠木资源近于枯竭。目前，楠木已被列为国家Ⅱ级重点保护植物，濒危等级为易危。采用植被识别 APP，收集、统计该片区的植物类型和空间分布特征，分析乔灌草三者的空间共生关系，评价楠木古树群的景观、生态和文化价值。

(a) 楠木古树群标识牌

(b) 楠木古树

图 5.41　楠木古树（2021 年拍摄）

第6章 城乡规划实习路线

城乡规划实习路线主要涉及人文地理与城乡规划设计等方面的内容，要求将场地的地质环境及地理环境与城乡规划和设计的具体实践结合，调研城乡规划的不同专题内容，设计天下名山牌坊——伏虎寺、黄湾小镇、西南交通大学峨眉校区、峨秀湖及其邻区、大佛禅院共6个实习区（点），建议实习时间1周。

6.1 天下名山牌坊——伏虎寺路线

6.1.1 伏虎寺

伏虎寺位于峨眉山山麓，海拔630m，属于低山游览区的重要节点，在报国寺西南侧，经来凤亭上行1km左右。伏虎寺以其径建虎浴、虎溪、虎啸三桥，依山带水，寺境清幽，寺庙的周围广植杉楠松柏十多万株，取名曰"布金林"，寺庙掩映于葱郁的林木之中，因此有"密林藏伏虎"之称。伏虎寺依山取势，因地建殿。于山地高差十二米间建立三殿，轴线上从低到高分别是虎溪精舍（弥勒殿）、离垢园（普贤殿）、大雄宝殿（图6.1）。寺内建筑还包括1995年重建的位于最高处的五百罗汉堂、位于大雄宝殿一侧的华严塔以及配套的客堂、斋堂等。古刹殿宇重叠，巧夺天工地构成一个个四合大院的特大天井，隐秘于十万株森森密林之中。伏虎寺建筑群作为峨眉山最大的禅宗建筑群，其所体现的峨眉山禅宗佛教文化、山地建筑布局手法以及川西地域建筑营建特色都值得深入研究（李晓卉，2017）。

(a) 伏虎寺2021年无人机图像

(b) 伏虎寺平面图

图6.1 伏虎寺

（1）教学目的：认识地理环境对寺庙建筑的影响；认识建筑营建形式和典型特征；选择典型建筑立面调绘成图。

（2）内容与要求：通过卫星遥感图像和无人机等技术，调查伏虎寺及周围的土地利用和景观分布格局；分析伏虎寺的寺庙选址的自然和人文因素影响；系统梳理伏虎寺发展的历史沿革，分析不同历史时期的政治和文化影响；分析伏虎寺周边大量古树的景观效应，以及得以保留的原因；分析伏虎寺的建筑与园林的融合方式；分析建筑在朝向（轴线）、规模、等级、屋顶、屋檐、装饰与色彩等方面的特色；选择特色单体建筑或者典型的建筑构件，采用测量工具获取特征参数，绘制立面图或者剖面图，编制简要文字说明。

6.1.2　报国寺

报国寺始建于明万历末，原名会宗堂，取儒、释、道三教会宗之意。供奉佛教始祖释迦牟尼的大弟子普贤菩萨、道教创始的化身广成子和春秋名士陆通牌位。1644～1661 年，寺庙移赴重建，1703 年重修，取"报国主恩"之意，御题"报国寺"匾额而易名。1840 年被焚，1851 年重建前殿两廊，1857 年增修中殿，1868 年又扩建，建成了一座具有四重院落、殿宇恢宏、布局典雅的大寺院（图 6.2）。中华人民共和国成立后多次维修，1986 年重建了山门。1983 年，报国寺被定为全国汉族地区重点寺院。1993 年新建钟楼、鼓楼、茶园、法物流通处。

(a) 报国寺平面图

(b) 报国寺山门（2020年拍摄，镜向W）

图 6.2　报国寺

（1）教学目的：认识地理环境对寺庙建筑及佛像的影响；认识建筑营建形式和典型特征；选择典型建筑立面调绘成图。

了解报国寺空间布局特点；了解报国寺历史沿革；了解报国寺园林空间特征；了解报国寺佛像雕塑艺术。

（2）内容与要求：通过卫星遥感图像和无人机等技术，调查报国寺及周围的土地利用和景观分布格局；分析地形地貌和气候条件等自然条件和峨眉山市政治、经济、文化对寺庙选址及历史沿革的综合影响；分析报国寺的寺庙建筑在朝向（轴线）、规模、等级、屋顶、屋檐、装饰与色彩等方面的特色，重点分析报国寺建筑在轴线空间处理方面的特点；从寺庙轴线、前导空间、院落空间分析报国寺园林空间布局特征；提炼和分析报国寺山门前广场环境的营造特点；通过植物识别应用程序，了解周围植物景观的配置模式；选择特色单体建筑或者典型的建筑构件，采用测量工具获取特征参数，绘制立面图或者剖面图，编制简要文字说明。

6.1.3　红珠山宾馆

红珠山属于上沙溪庙组岩层，从裸露岩石可见红珠山景区内为紫红色砂岩、丹崖红土，给整个景区增添了一层别样色彩，也有相关民间流传：其丹崖红土在秀山丽水之间格外夺目，故而命名为红珠山（赵垚等，2017）。

红珠山宾馆［图 6.3（a）］坐落在峨眉山山麓，占地 44 万 m^2，森林覆盖率达 95%以上；馆内山峰林立，沟壑纵横，湖泊环绕，湖面面积超过 6 万 m^2。红珠山宾馆以红珠山宾馆四号楼为基础进行修建［图 6.3（b）］，于 1958 年开业，2006 年重新装修，共有各类客房 500 间。1958 年开业以后主要作为省政府接待国家领导人或重要来宾的场所。宾馆总体布局背山面水，分散对应；单体建筑依山取势，形成独特的建筑向下延伸式构造，足不出户，即可领略馆内无与伦比的自然环境（颉芳，2008）。

(a) 红珠山宾馆2020年遥感图像　　　　　　　(b) 红珠山宾馆四号楼（2020年拍摄）

(c) 红珠山宾馆四号楼立面图

图 6.3　红珠山宾馆

位于峨眉红珠山的红珠山宾馆四号楼，原称红珠山官邸，是 1934 年修建的中西合璧别墅。该别墅砌石为台，屋基高固，墙壁梁柱地板全部用木料构建，利于防潮避湿。四周环以回廊，设计极为精巧。左右两侧有红珠湖和灵秀湖，周边林木葱茏，景色优美。外表新涂了西洋白漆，显得淡雅清新（魏奕雄，2012）。

1. 教学目的

通过收集资料与调查，学会分析山地宾馆、别墅（官邸）的选址条件和建筑的建造形式，挖掘建筑及历史事件产生的人文影响。

2. 内容与要求

（1）通过地形图、地质图和遥感图及现场调查，绘制红珠山宾馆的土地利用现状图、功能结构分析图、绿地系统现状图，提炼高品质山地宾馆的选址准则，进一步分析红珠山宾馆四号楼选址的特殊之处。

（2）借助测绘工具，对红珠山宾馆四号楼的某一外立面进行测量，根据测量数据绘制建筑立面图［图 6.3（c）］，分析建筑造型、材料、色彩、环境营造等方面的特色。

（3）调查和对比红珠山宾馆与周围其他宾馆在选址建设、地理环境、管理运营方面的差异，从自然与人文环境综合开发利用的角度，提炼"旅游＋温泉＋文化"的资源开发范式。

6.1.4　天下名山园区

天下名山牌坊于 1993 年 3 月重建，正额"天下名山"为郭沫若 1959 年应家乡画家李道熙先生邀请题写，背面"佛教圣地"由中国佛教协会原会长赵朴初手书。牌坊采用了传统的八柱三间五楼格局，高 17.75m、宽 27.30m，采用钢筋混凝土结构的仿木建筑形式。飞檐翘角古朴典雅，具有明清建筑风格。2019 年，峨眉山"天下名山"牌坊扩建为"天下名山园区（广场）"，同时重点对该区交通进行了优化改造（图 6.4）。园区以名山园、如意园、心愿池 3 个部分组成礼仪轴，以山水园、百卉园、千叶园、洗荷园和表演广场等组成生态园，建有 3 个生态停车场，实现文化、交通功能互融互补，优化了峨眉山景区入口景观，使"天下名山"牌坊景点成为峨眉山的独特地标。

(a) 天下名山牌坊片区2018年遥感图像　　　　(b) 天下名山园区2020年遥感图像

图 6.4　天下名山园区

（1）教学目的：了解牌坊的组成及设计建设要点，通过多种技术手段调查广场空间组成及设计细节信息，尝试提出优化改进方案。

（2）内容与要求：了解"天下名山"牌坊建造及搬迁历史，掌握牌坊的基座、立柱、横梁、匾额（花板、露窗、隔板）、楼顶（斗拱、檐顶、脊兽）组成，分析牌坊在制式、用材等方面的特色，选择某一观察视角绘制素描图；通过遥感图像和无人机等调查和绘制"天下名山园区（广场）"的平面图，分析礼仪轴的如意造型特征，对比生态园的山水园、百卉园、千叶园、洗荷园的布局和形态特征，分析园区建设的自然地理和人文环境影响；观察和学习雕塑、植物、建筑物及灯光的设计风格和营造技法；借助植物识别APP，清理园区的各种乔灌草和花卉类型，绘制植物空间分布简图；调查园区内人流动线组织及休憩设施分布，根据历史遥感图像和现状遥感图像，对比园区改造前后"天下名山"牌坊周围交通情况，同时分析园区内部道路与周围的城市交通网络衔接效率；调查和分析广场在功能设计、视觉设计、边界设计等方面的细节，对不足之处提出改进建议；针对广场设计的步行化原则、通达性原则、整体性原则、人性化原则和多样性原则，尝试提出改进或优化的设计方案。

6.2　黄湾小镇

　　黄湾小镇所处地区属于丘陵、褶皱低山区的河谷阶地［图 6.5（a）］，属黄湾镇政府驻地，包括新开发的黄湾武术文化小镇。净水河自西向东从该区蜿蜒而过。区内由新到老出露全新统、名山组、灌口组、夹关组、遂宁组、上沙溪庙组、下沙溪庙组、自流井组［图 6.5（b）］。该区平均海拔 504m，平均坡度 7.29°，年降水量 1156mm，年平均气温 17.71℃，土壤类型主要为紫色土和水稻土。

(a) 黄湾小镇2020年高分遥感图像

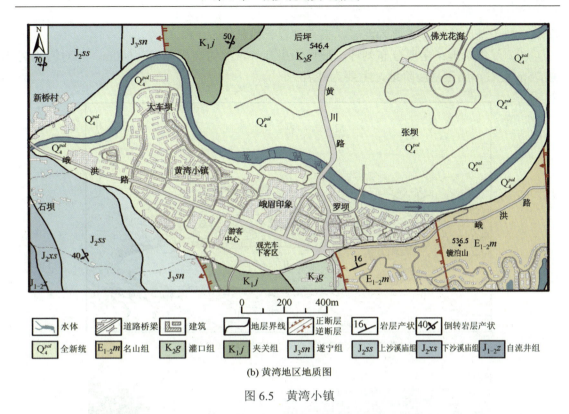

(b) 黄湾地区地质图

图 6.5　黄湾小镇

6.2.1　黄湾阶地

黄湾小镇主要分布在全新统冲洪积层（Q_4^{pal}），具有二元结构，上部压砂土、亚黏土，下部砾石层。在冲洪积层南北两侧分布的地层包括名山组（$E_{1-2}m$）、灌口组（K_2g）、夹关组（K_1j）、遂宁组（J_3sn）、上沙溪庙组（J_2ss）、下沙溪庙组（J_2xs）、自流井组（$J_{1-2}z$），岩性主要为碎屑岩。新构造运动在黄湾地区地层有五次大规模的抬升。从新近纪末期由印度-欧亚板块的碰撞产生新构造运动，峨眉山地区强烈抬升，导致河流下切，加上河流侵蚀与冲积作用，形成沿龙门洞河（峨眉河）两岸发育有五个等级阶地［图 6.6（a）～（b）、图 3.3］。其下覆盖第四纪堆积物。因为地势平缓，成为人类活动聚集区，用地类型主要有耕地（水浇地、旱地）、居住用地、道路。阶地具体地质情况如下所示（冯陵，1992）。

（1）河漫滩：绝对高程 460m，相对河流高差 1m 左右，二元结构不明显，以磨圆度较好、大小不一的砾石为主，没有成层的细粒物质层。

（2）Ⅰ级阶地：主要分布在罗坝，绝对高程 461～463m，相对河流高差 4m 左右，属于堆积阶地，以泥岩为主、夹少量砂岩。

（3）Ⅱ级阶地：主要分布在老黄湾、游田坝和张坝，绝对高程 465～472m，相对河流高差 9m 左右，属于基座阶地，主要为泥岩和砂岩。

（4）Ⅲ级阶地：主要分布在沙田坝、姚坪，绝对高程 480m，相对河流高差 20m 左右，属于基座阶地，以砂岩、泥岩为主，夹少量粉砂岩。

（5）Ⅳ级阶地：主要分布在梁坎、龙门湾，绝对高程 490～500m，相对河流高差 35m

左右，属于基座阶地，主要为泥岩，夹有砂岩、粉砂岩。

（6）V级阶地：主要分布刘坪、后坪、果儿寺，绝对高程 530～540m，相对河流高差 75m 左右，属于基座阶地，主要为砂岩。

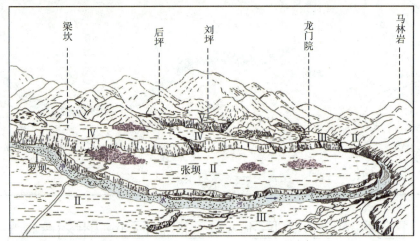

(a) 黄湾阶地未改造前素描图（邓江红等，2013）

(b) 黄湾阶地未改造前（2013年拍摄，镜向NE）

图 6.6　黄湾阶地

1. 教学目的

调查和分析河流地质作用、河谷形态及河谷要素、侧蚀作用及产物、沉积作用及产物、河流阶地及阶地要素。

2. 内容和要求

观察现代河流沉积物［图 6.7（a）］的特征，包括砾石成分、粒径、圆度和球度、分选性、最大扁平面倾向、长轴方向等；观察河床与河漫滩、河流凹岸侵蚀与凸岸沉积现象；观察描述阶地［图 6.7（b）］的堆积物特征，包括堆积厚度、砾石成分、大小、磨圆度、分选性、排列、最大扁平面倾向和倾角、风化程度，砾石间的充填物；观察基岩（K₂g）特征，包括岩性、产状、基座相对高程以及与第四系的接触关系；分析阶地形成过程，确定阶地的成因类型；对照地质图［图6.5（b）］、地质剖面图（图3.3）及黄湾小镇建设现状，分析黄湾武术小镇建设对河流阶地的土地（地形）整理影响，以及对地质和地理环境造成的影响。

(a) 黄湾小镇西北侧河床环境　　　　　　　(b) 黄湾桥下砾石泥沙堆积物
（无人机2021年拍摄，镜向N）　　　　　　（2020年拍摄，镜向SE）

图 6.7 黄湾小镇西北侧河床环境与黄湾桥下砾石泥沙堆积物

6.2.2 黄湾小镇简介

黄湾武术文化小镇（图6.8）位于峨眉山风景区黄湾旅游服务区内的峨眉河上游，距峨眉山市区 5km，属峨眉黄湾新农村建设项目，小镇总占地 1100 亩，建筑面积约 21 万 m²。项目位于多个回迁区组团的核心区域，回迁住宅建筑以 3 层为主，紧邻峨眉景区山门牌坊，高度跟牌坊接近，低调融入峨眉山景区。作为峨眉山景区有高端旅游接待配套功能的小镇，与周边回迁房组团的民宿在目标客群、消费水平、物业价值等方面进行差异化设计，形成小镇多层次旅游接待能力。小镇定位为以峨眉武术文化为主题的国际旅游文化小镇，主要功能包括旅游、商业、居民安置、学校、幼儿园、行政管理、生活服务等，规划建设绿道、健身道、山地体育运动公园等休闲项目，在新农村建设中植入文化旅游产业，拓展峨眉山景区旅游业态。运用黑白分水理念，使山、水、地形、街道有机结合，农田、溪流、河谷、树林贯穿其中，凸显"山居"特色，营造出山水相连、村落隐于深处的田园氛围，体现峨眉山农耕文化与武术文化相辅相成的关系。小镇里的建筑全部为"川西仿古"建筑风格，采用穿斗式结构，斜坡顶、薄挑檐，开敞通透，轻盈精巧，朴实飘逸，对川西传统民居特色进行了传承；加入武术文化元素，打造出青牛坊、黄陵坊、点易坊、青城坊、铁佛坊五大主题坊。作为新农村试点项目，黄湾小镇安置 3500 多村民，建设安置房 3205 套，商铺 1034 个[①]。

---

① 峨眉山黄湾打造武术文化小镇. https://f.qianzhan.com/tesexiaozhen/detail/180425-b3da45f9.html [2022-07-16].

图 6.8　黄湾小镇 2023 年无人机俯瞰图（镜向 N）

6.2.3　规划设计

1. 教学目的

了解黄湾武术文化小镇建设和管理现状信息，从规划设计等视角提出改进策略。

2. 内容与要求

（1）通过卫星遥感和无人机拍摄［图 6.9（a）～（f）］等技术手段，开展专题图件的绘制及分析。统计和分析土地利用类型、结构和空间分布特征及相互之间的影响，绘制土地利用现状图；调查和分析车行道、步行道及与外部交通的联系，重点分析黄湾小镇作为峨眉山景区入口，如何影响游客集散行为，绘制道路交通分析图；调查和分析居住、商业、绿化、行政办公等不同功能地块的分布与联系，绘制功能结构分析图；调查和分析行道树绿化、庭院绿化、滨河绿化等不同绿地形式的空间分布及景观与生态功能，绘制绿地系统现状图。

（2）收集黄湾小镇建设规划和相关资料，调查和评价建筑风貌。分析黄湾的河流阶地、平原与低山过渡区等地貌背景，以及佛禅文化、武术文化和田园文化对建筑风貌的综合影响；调查和分析独立式、合院式和天井式三种建筑空间布局的成因及各自的优缺点；调查单体建筑和建筑群的屋顶、山墙、层高等造型风格及色彩，分析其对街面风貌和商业空间产生的不同影响；调查不同建筑材料产生的景观效果以及在安全性和保存持久性方面的差异；调查和评价不同区位的建筑布局视线廊道和通风廊道的功效差异；对比青牛坊、黄陵坊、点易坊、青城坊和铁佛坊五大主题坊的景观小品配置模式，提出武术文化内涵挖掘及景观表现的优化途径；参照汶川水磨镇等典型小镇，探讨如何利用峨眉山旅游风景区独特优势，实现景镇一体化。

(a) 建筑布局　（峨眉印以西区域）　　(b) 建筑布局　（峨眉印及其以东区域）　　(c) 建筑与庭院环境（黄湾桥附近区域）

(d) 绿化与覆土建筑（峨眉印近景）　　(e) 绿化与覆土建筑（峨眉印远景）　　(f) 建筑与环境绿化（峨眉印片区）

图 6.9　黄湾小镇现状［（a）～（e）为 2022 年无人机拍摄，（f）为 2022 年现场拍摄］

6.2.4　店铺调查

（1）教学目的：采用商业地理学原理，从娱乐、餐饮、特色商品、酒店/民宿中选择某一类型店铺［图 6.10（a）～（c）］开展经营活动调查，从商业规划角度提出改进措施。

（2）内容与要求：通过现场调查方式，分析店铺的区位条件、空间位置/地段、空间距离、交通条件、消费市场（消费人员、消费能力）；调查店铺的占地面积、建设面积、容积率和单位用地的产出效益；调查店铺的人员配置，包括管理人员和员工的数量、分工；调查店铺的经营成本，包括房屋租金、员工工资和其他经营投入；调查店铺的营业额和利润；调查同类或者其他类型店铺之间的竞争与合作关系；调查店铺未来的发展计划。根据调查结果，绘制店铺区位关系图、店铺现状分布图、店铺布局规划图，编制店铺发展规划或者提升方案。

(a) 餐饮与民宿业态　　　　　　(b) 商铺业态　　　　　　(c) 超市和餐饮业态

图 6.10　小镇业态（2022 年拍摄）

6.3　西南交通大学峨眉校区

6.3.1　校区简介

西南交通大学峨眉校区是教育部所属高校中唯一一所地处双遗产风景区的高等院校（杜白，2012），是西南交通大学"一校两地三校区"办学格局中的组成部分。校区占地1000 余亩，建筑面积 25 万 m^2。校区地层岩性主要为名山组碎屑岩，属丘陵地貌，平均海拔 507m，年降水量 1153mm，年平均气温 17.84℃，土壤类型为紫色土。校区风景秀丽，环境优美，有良好的教学与生活设施，享有"花园学府"的美誉。峨眉校区的定位为"三地一园"，即若干学院所在地、中外合作办学基地、高端培训与研究基地和高端国际教育园。学校正在峨眉着力打造"高端国际教育园"，它是依托整个西南交通大学资源在峨眉校区建设的集教育、科技、文化于一体的重点突出、功能明确、设施完善、特色鲜明的综合性、多功能的国际化大学园区（图 6.11）[①]。

图 6.11　西南交通大学峨眉校区平面示意图

---

① 西南交通大学峨眉校区总体介绍. https://em.swjtu.edu.cn/xqgk/ztjj.htm [2022-07-17].

6.3.2 规划设计调查

1. 教学目的

掌握山地校园的规划与设计原则，分析自然与人文要素对校园总体布局、道路交通、环境景观、建筑形态、标志物和外部空间环境等造成的影响[图 6.12（a）～（f）]。

2. 内容与要求

（1）开展校园的空间结构调查，查明线性空间（绿带、干道、水体、廊道）分布、中心型空间结构（标志性建筑、建筑群、集中绿化、水体和广场等）分布、组团型空间（小建筑群）分布、空间结构（园林）有机发展的设计手法。

（2）结合地形参数（海拔、起伏度、坡度、坡向、坡位和坡形等），对山地校园的空间构成要素及空间特征进行分析，剖析山地校园的总体布局、道路交通、环境景观、建筑形态、标志物、外部空间环境，贯彻以下原则：因地制宜，因势利导、塑造特色，改造与利用相结合，生态优先、创造宜人山地环境，营造山水意境。

(a) 校园步行梯道　(b) 教学楼　(c) 图书馆
(d) 表演台　(e) 荷塘　(f) 宿舍楼

图 6.12 山地校园的空间构成要素及空间特征（2022 年拍摄）

（3）调查大学空间，包括校前区空间、校园中心区、教学空间、交往空间、交通空间、生活服务空间、休闲空间、运动场地、标志和纪念性空间、绿化空间的分布及规划设计背景。

（4）通过遥感数据、现场调查和其他数据综合，绘制土地利用现状图（种类、结构、分布）、公共与公用设施用地现状图、现状建筑质量分析图（屋顶、层数、时间、风貌、层数和功能等参数）、道路交通分析图（车行道、步行道及与外部交通联系）、功能结构分析图（核心区、公共教学区、实验科研区、行政办公区、生活服务区、体育运动区）、绿地系统现状图（广场、绿化节点、绿化轴线），选择感兴趣主题进行进一步分析，作改进规划或设计，或者提出对策。

（5）从规模、组成结构和规划方法上，研究大学校园与峨眉山城市规划设计的相似性，重点剖析其内部结构与外部联系方面的异同。

6.4　峨秀湖及其邻区

峨秀湖及其邻区坐落在峨眉山平原地区，行政区划主体属于峨山镇，东北部分区域属于胜利镇。地层岩性包括全新统冲洪积层（Q_4^{pal}）、中更新统冰水沉积层（Q_2^{fgl}）、凉水井组（N_2l）碎屑岩、名山组（$E_{1-2}m$）碎屑岩、灌口组（K_2g）碎屑岩［图 6.13（a）］。该区地貌类型主要为冰碛、冰水堆积二级阶地，少量为平原河谷阶地，平均海拔 476m，平均坡度 1.47°，年降水量 1149mm，年平均气温 17.97℃，土壤类型主要为水稻土。

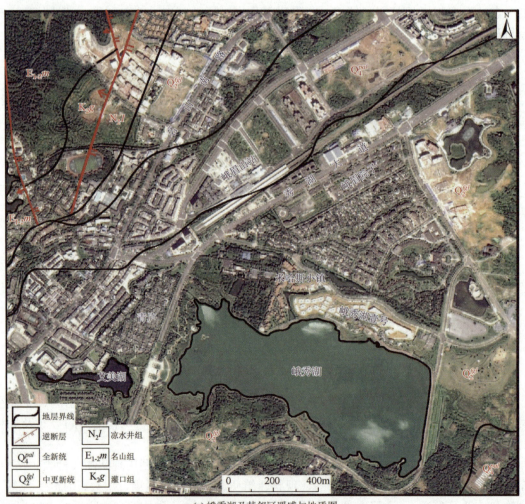

(a) 峨秀湖及其邻区遥感与地质图

(b) 峨秀湖及其邻区功能分区图　　　　　　(c) 峨秀湖及其邻区平面效果图

图 6.13　峨秀湖及其邻区

峨秀湖及其邻区主要指峨秀湖旅游度假区、峨眉山高铁站片区、峨眉院子商业街等片区。该区整体以峨秀湖为依托，形成地产及旅游开发连片区域，是峨眉山报国寺景区的主要组成部分[图 6.13（b）～（c）]。

6.4.1　峨秀湖片区调查

峨秀湖（原工农兵水库）是人工开凿湖，位于峨眉山东麓，紧邻秀湖大道，可容水700 万 m^3，湖面面积达 1200 亩。它是峨眉重要的滨水景观区、节奏悠闲的都市风景区、城市慢生活体验区。峨秀湖旅游度假区按照国家级景区标准打造，依照"一核两环三片区十景点"规划布局，以峨秀湖为核心，围绕环湖步行道和车行道两条环线，打造北部娱乐美食休闲区、南部温泉养生度假区、高铁商务购物集散区。景区绿化覆盖率 80%，植物 50 余种，珍稀水鸟 10 余种。景区内有多个文旅项目入驻，形成了集酒店、剧院、养生、游乐、购物、美食、亲水、观鸟、垂钓于一体的综合性休闲度假景区[图 6.14（a）～（g）]。峨秀湖湿地面临水库淤积和水体污染等压力，需要通过生态治理与保护手段，改善湖泊湿地的生态功能（杨珺媚，2016）。

1. 教学目的

调查和评价峨秀湖水体环境、水库及周边生态环境、景观环境、景区综合开发模式以及景区对社区活动的影响。

2. 内容与要求

（1）综合各种数据，分析地质环境、地理环境对峨秀湖片区可持续发展的本底影响；分析地产开发及多层/高层建筑对山区天际线的影响；通过遥感图像和调绘，绘制峨秀湖片区的土地利用图，评价该土地利用结构的合理性。

(a) 峨秀湖及周围山水环境（2023年无人机拍摄，镜向W）

(b) 峨秀湖西部开发状况及场地环境（2020年无人机拍摄，镜向W）

(c) 峨秀湖壹号地产开发（2020年无人机拍摄，镜向NE）

(d) 峨秀湖米哈斯小镇地产开发（2020年无人机拍摄，镜向N）

(e) 青庐片区
（2020年无人机拍摄，镜向NW）

(f) 艾美湖片区
（2020年无人机拍摄，镜向NE）

(g) 水文监测点（2022年拍摄）

图 6.14　峨秀湖片区环境

（2）整理该片区的区位图、景观节点图、功能分区图等图件；调查水深（水位）、水色、水温、透明度、酸碱度（pH）等水环境指标；利用植物识别 APP，通过样方调查等方式调查岸线及周边植物种类及分布，评价植物的多样性；综合评价水库生态质量。

（3）应用遥感数据提取归一化植被指数（normalized difference vegetation index，NDVI）、地表温度（land surface temperature，LST）等遥感生态类指数，评价由水体至周边区域的生态环境质量梯度变化；以峨秀湖为中心，探讨保护水库生态用地的措施，提出峨秀湖水源科学调配的措施，进一步提出保护生态和提高生态服务功能的措施。

（4）评价和分析环湖房地产开发的地理环境影响，分析该地块与周边地块开发的竞争与合作关系；开展环湖房地产开发强度调查；通过走访和问卷的方式调查楼盘开发、销售、入住（租售）、设施维护情况。在旅游地产策划中，掌握对自然资源与人文资源进行挖掘与整理的能力；探讨旅游开发及伴生商业地产开发效率与增长极限，提出精明增长的途径，提出避免过度同质性开发的管控措施；思考该片区不同区块开发时序和发展重点。

（5）调查峨秀湖的公共空间利用模式，统计白天与晚间、平日与周末的人流特征，思考如何增加休憩场所和设施，思考提升功能多样性、时空可达性与多元包容性的途径，思考如何进一步彰显当地的城市精神与地域文化，改进峨秀湖的公共空间综合利用的模式。

6.4.2　高铁片区调查

峨眉山高铁站距离城市中心 3.6km，东邻秀湖大道，西邻名山南路，是成绵乐客运专线的终点站，属近郊型车站［图 6.15（a）～（b）］。高铁站片区是城市分区"一心，一带，四轴，六区"中的"六区"之一，高铁站片区是另外"五区"的重要节点和支撑，片区充分利用自身区位优势发展周边经济，有利于缓解旧城压力，为城市发展提供新的动力，加快城镇化进程（王娜，2018）。峨眉山年接待旅客达到 217 万人，通过对峨眉客

(a) 峨眉山高铁站（镜向SSE）

(b) 峨眉山高铁站（2021年无人机照片拍摄，镜向NNW）

图 6.15　峨眉山高铁站

流起讫点调查（origin-destination study，OD study）及旅客出行意向调查数据分析，得出峨眉地区吸引的客流中，旅游客流比重达到 70%（袁光明等，2008）。受季节、假期影响，客流存在明显的波动现象。受景区特点影响，峨眉山景区客流淡旺季波动较年日均客流变化大致在 20%。

1. 教学目的

调查局部地形条件对站场规划设计的影响，调查高铁站场及周边区域的空间布局、客流特征和商业开发现状等，提出广场文化形象提升、商业联动开发和管理服务等方面的规划设计与策略。

2. 内容与要求

通过资料收集的方法分析局部地形条件对高铁站朝向、广场布局和周边地块商业开发造成的影响；利用遥感和无人机等技术手段，调查高铁站的区位条件及土地利用现状，评价土地利用开发强度和效率；调查站前广场的交通空间现状，绘制交通组织图；调查站前广场的人流和车流组织形式，提出交通空间的改进办法；评价高铁广场景观质量，分析如何充分挖掘峨眉山的人文特色，构建城市和景区的门户景观节点；通过商业活动调查，探讨如何激活广场及周边地区商业活力，使之与峨秀湖景区及旅游商业地产开发融合，更好地打造城市新区；通过相关资料收集，探讨成绵乐高铁为峨眉山市旅游发展带来的机遇，思考如何主动将峨眉山市旅游融入"快旅慢游"时代，如何应对高铁沿线其他城市旅游竞争，如何完善城市旅游设施，从而更好地打造特色旅游产品。

6.4.3　峨眉院子调查

峨眉院子商业街位于秀湖大道东南侧，距峨眉山"天下名山"山门约 1.5km。商业街呈带状，长 530m，宽 80m，面积为 4.3 万 m^2，整体呈现出一个集购物、娱乐、餐饮和休闲为一体的川西风格仿古建筑院落群（图 6.16）。商业街以峨眉山水间、院落慢生活为设计总体理念，建筑主要表现形式为峨眉川西建筑风格。商业街以商贸、养生和吉祥文化及贯穿其中的神话传说为主题，运用大量具有代表性的文化设计元素，如茶马古道、许愿树、民俗浮雕碑文、传统图腾、祈福图案和灵芝云纹等 [图 6.17（a）～（f）]（张迪，2014）。

图 6.16　峨眉院子 2023 年无人机俯瞰图

(a) 特色建筑与绿化景观　　　　(b) 建筑外立面环境　　　　(c) 步行道绿化景观

(d) 铺面外墙景观　　　　(e) 商铺业态　　　　(f) 院落大门景观

图 6.17　峨眉院子景观与业态（2022 年拍摄）

1. 教学目的

调查峨眉院子的空间布局、景观特征和商业活动特征，提出商业联动开发的策略。

2. 内容与要求

通过遥感技术和现场调研，绘制商业街的区位图、功能分区图、景观节点图、交通组织图；开展商业街的商业区位条件分析；分析商业街区的空间尺度对游客行为和心理的影响机制；分析秀湖大道作为干道的交通网络对商业街内部交通网络的影响，以及对游客聚集产生的不同影响；对比仿制川西传统建筑的朝向、屋顶、开间、进深、高度和台基等特征参数，分析其与川西传统建筑在材料、形制、构件等方面的差异，统计和分析门、窗、檐、斗匾、楹联、彩画和景观小品等文化元素信息，提出建筑风貌改进的建议；调查商业街的植物配置模式，评价分析其景观效应，提出景观配置的优化模式；开展店面租售和商业经营等情况调查，对比工作日与节假日的商业活力分析，提出商业街活力提升的策略；从区域联动角度出发，提出商业街与周围居住区的互动与融合模式。

6.5　大佛禅院

6.5.1　大佛禅院简介

大佛禅院所处地貌为冰碛、冰水堆积二级阶地，少量为平原河谷阶地，平均海拔437m，平均坡度 1.86°，年降水量 1145mm，年平均气温 18.08℃。大佛禅院原名大佛寺（民间又称大佛殿），原址位于峨眉山市区东郊，明代无穷国师开创，历时 15 年建成。寺院占地 300 余亩，拥有多重大殿、140 多间禅房。因寺内大悲殿供奉了一尊高12m 的千手千眼观世音菩萨铜像，明万历皇帝的母亲慈圣皇太后特意赐寺名"大佛寺"。1958 年千手千眼观世音菩萨铜像被毁，寺院由此消失。1993 年峨眉山市委、市人民政府批准重建。1995 年批准峨眉山佛教协会筹资在城南郊白塔山恢复重建，将大佛寺改名为大佛禅院，于 2008 年 12 月 14 日正式对外开放。禅院占地 400 余亩，建筑面积 5.6 万 m^2，为朝拜峨眉山的第一门户，亚洲最大的十方丛林之一。大佛禅院坐西向东，由朝拜区、公共园林区、文化教育区组成（图 6.18）。朝拜区，位于北部，主体建筑坐西向东，十一进院落，沿中轴线依次由山门殿、弥勒殿、地藏殿、药师殿、文殊殿、观音殿、普贤殿、大雄宝殿、藏经楼和光明山等组成。公共园林区，峨眉书院镶嵌其中，园林中依次分布妙觉池、等觉池和圆觉池三个放生池塘，梯级相连。文化教育区，位于南部，内有四川峨眉山佛学院、大光明讲堂和图书馆等分布。

6.5.2　空间形态及建筑调查

1. 教学目的

掌握佛教寺庙建筑的规划与设计原则，获取大佛禅院整体空间结构特征信息，选择单体建筑或者建筑构件，开展立面或者剖面图件绘制。

(a) 大佛禅院2023年无人机俯瞰图

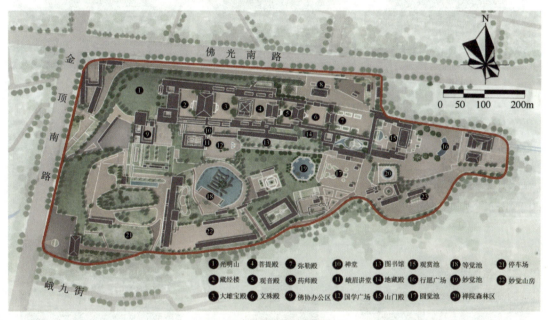

(b) 大佛禅院平面示意图

图 6.18　大佛禅院无人机俯瞰图和平面示意图

2. 内容和要求

　　查阅文献资料，梳理大佛禅院建设、破坏和重建的历史，分析大佛禅院的选址、朝向（轴线）、规模、等级，以及与峨眉山景区及峨眉山城市发展的关系。通过卫星遥感和无人机等技术手段，结合佛教寺庙空间布局的一般原则，学习大佛禅院建筑的轴对称空间结构，绘制大佛禅院的平面分布图，标识各类建筑［图 6.19（a）～（i）］的分布位置，具体包括山门、钟楼和鼓楼、天王殿、大雄宝殿、四堂、四台、罗汉堂、禅房、监院和方丈院、大斋堂、藏经楼、供养塔、放生池等，分析各个建筑与寺院的整体关系，思考大佛禅院空间结构和尺度对寺庙人员、管理人员及游人产生的不同影响。思考如何提高大佛禅院前后区联系和重点空间可达性。关注石狮、基座、屋顶、石灯和旗杆等寺院建筑构件的细节特征。关注殿堂陈设（殿外的照壁、牌坊、石狮、经幢、香炉、宝鼎、云板、台座、石灯、祭台等）特征；关注殿内的欢门、经幡、长明灯、供养台、供具、钟鼓、木鱼、磬、烛檠、蒲团等特征。关注单体建筑的朝向、屋顶形制、开间、进深、高度、底面积和台基高等特征。选择特色单体建筑或者典型的建筑构件，采用测量工具获取特征参数，绘制立面图或者剖面图，编制简要文字说明。从人文地理学的视角，关注基座、墙体、柱子、门窗、斗拱、挑檐、檩枋、飞头、椽子、瓦陇、神像、文物、斗匾、楹联、彩画、藻井等建筑及文化元素，编写调研报告。

(a) 山门殿　　　　　　　(b) 弥勒殿　　　　　　　(c) 观音殿

(d) 普贤殿　　　　　　　(e) 文殊殿　　　　　　　(f) 大雄宝殿

(g) 藏经楼　　　　　　　(h) 佛塔　　　　　　　(i) 建筑细部构造

图 6.19　空间形态及建筑调查

6.5.3　园林景观调查

1. 教学目的

通过卫星遥感和无人机技术调查大佛禅院园林景观的平面配置模式［图 6.20（a）］，实地调查园林景观的立体配置模式［图 6.20（b）］，评价分析其景观效应，从城市公园视角提出大佛禅院园林景观配置的优化途径。

(a) 大佛禅院园林景观的平面配置模式（2020年无人机拍摄）

(b) 大佛禅院园林景观的立体配置模式

图 6.20　大佛禅院

2. 内容和要求

五树六花分别指菩提树、高山榕、贝叶棕、槟榔、糖棕，莲花、文殊兰、地涌金莲、黄姜花、鸡蛋花和缅桂花（黄兰）（颜晓佳等，2013），了解佛教寺庙五树六花的文化内涵及其在大佛禅院的具体应用。大佛禅院的植物种类丰富，涵盖灌木类、草花类、禾草类和乔木类，结合前人研究成果（王珂歆，2013），借助植物识别应用程序，整理大佛禅院内的各种植物类型，绘制植物空间分布简图。关注的灌木类植物包括小叶女贞、金叶女贞、红花檵木、萼距花、海桐、红叶石楠、十大功劳、八角金盘、南天竹、迎春花、杜鹃、山茶、洒金珊瑚、棕竹、丝兰、苏铁、蜡梅和贴梗海棠等。关注的草花类植物包括鸢尾、肾蕨、白芨、滴水观音、春羽等。关注的禾草类植物包括各种竹类，草本植物主要为芭蕉树等。关注的小乔木包括含笑、梨树、石榴、红枫、桂花、紫叶李、日本晚櫻、紫荆、枇杷、玉兰、杜英、天竺桂、松树和侧柏等。关注的大乔木包括菩提树、垂叶榕、黄葛树、银杏、桢楠、垂柳和水杉等。同时关注池中植物，主要为王莲、荷花和睡莲等。调查大佛禅院内部的植物的群植、丛植、对植、孤植 4 种配置模式，评价分析其景观效应和生态效应。分析妙觉莲池、等觉莲池和圆觉莲池的位置、体量、联系、宗教仪式、社会服务等特征，重点从城市公园角度提出提高利用效率的途径。思考如何挖掘中国寺庙园林的传统特点及其文化内涵，融入峨眉山地域性文化，进一步提升大佛禅院园林景观的文化承载能力。

6.5.4　峨眉象城调查

峨眉象城由园林建筑群组成，包括朝圣起点牌坊、大象景观、非遗文化天空之幕、象城大剧院、戏楼、四合院和商铺等。峨眉象城商业街区以象文化为主题，主打非遗文化和峨眉美食。峨眉象城是一个集合大型商业中心、小型主题公园、精品时尚百货、特产展销、游客接待服务、旅游商品、宗教用品、文化休闲、餐饮娱乐、酒吧茶社、禅院客栈、民俗风情、歌舞表演、电子游艺和汽车服务等一体的综合型旅游商业街 ［图 6.21（a）～（d）］（读城健鹰策划工作室，2008）。

（a）步行街东侧环境

（b）步行街西侧环境

（c）步行街景观

（d）步行街演艺场所

图 6.21　峨眉象城步行街环境

1. 教学目的

调查峨眉象城的商业活动现状，提出增强商业活力的措施；对比峨眉象城与黄湾小镇、峨秀湖片区等地旅游商业地产开发机遇和挑战，提出对策。

2. 内容与要求

通过收集资料，掌握峨眉象城旅游商业地产的开发背景、建设过程和运营现状；采用商业地理学等基本原理，分析商业活动的现状空间和经济特征；从地块综合开发利用角度，结合节日经济和商业营销等手段，提出增强商业街活力的综合措施；从经济地理学和城乡规划等视角对比峨眉象城与黄湾小镇、峨秀湖片区等地旅游商业地产开发背景和现状，明晰峨眉山市旅游商业地产面临的各种机遇和挑战，思考全域旅游产业开发的极限，提出科学开发和多区协同的策略。

第 7 章　实习拓展路线

实习拓展路线主要建立在地理与城乡规划实习的基础之上，强调地质、地理、规划等多种知识的综合应用，通过对路线或者典型点（区）的参观或调查，开展地质及地理环境与人类活动作用关系的综合研究，全面提升学生的调查及科研能力。本部分安排万年寺—金顶路线调查、九岭岗—五显岗路线调查、乐山市城市规划调查三个主题，建议实习时间 3～5 天。

7.1　万年寺—金顶路线调查

7.1.1　上山路线概况与要求

上山路线从万年寺售票点开始，步行上山，至峨眉金顶为止。路线节点依次为：万年寺→观心坡→息心所→长老坪→初殿→猴山→华严顶→九岭岗→钻天坡→洗象池→杜鹃保护区→杜鹃、报春花保护区→雷洞坪→接引殿→梳妆台→七里坡→太子坪→卧云庵→十方普贤→华藏寺→千佛顶→万佛顶（附录 7）。

上山条带区的高程最小值 965m，最大值 3077m，平均值 1998m，平均坡度 22°，属褶皱断块中低山、褶皱断块中山地貌区。条带区年降水量最小值 1209mm，最大值 1453mm，平均值 1331mm，年平均气温最小值 5.47℃，最大值 15.59℃，平均值 10.53℃。该路线涉及震旦纪到三叠纪的众多地层，包括东川组、宣威组、峨眉山玄武岩组、茅口组、栖霞组、梁山组、大乘寺组、罗汉坡组、洗象池群、西王庙组、陡坡寺组、龙王庙组、沧浪铺组、筇竹寺组、麦地坪组、灯影组三段、灯影组二段、灯影组一段（图 7.1）。土壤类型主要为黄壤、黄棕壤、暗棕壤。

（1）观察沿途出露地层岩性的变化，注意节理、裂隙等发育情况；观察地貌、土壤、气象和植被等要素发生的垂直梯度变化，对照参考资料分析各种地理要素发生变化的内在联系；注意局部出现的地质灾害标识点/线，及其揭示的地质环境变化。

（2）据《峨眉山佛教志》记载，明清之际峨眉山佛教发展的鼎盛时期，全山有大小寺庙 111 座（不含当时已废寺庙），现仍保留有 27 座，被誉为"佛国天堂"。据 1884 年绘制的《峨山总图》，此时寺院尚有 120 座，由道路串联起来。连接方式是由道路串联起各大寺，而各个大寺周围又串联了若干小寺，大小佛寺形成了峨眉山上景色各异的景区。佛寺沿轴线式布局，东西两序结合布置。峨眉山佛寺也属于轴线式布局，轴线数量不一，没有强调中轴线上及两侧的对称关系。佛像供奉体现了峨眉山普贤信仰特色。峨眉山佛寺的院落形式将清代禅寺划分的修行区、生活区和佛殿整合在各个四合院中，不强调佛殿的独立性与隆重性，主要考虑将佛寺建筑群的宗教性与居

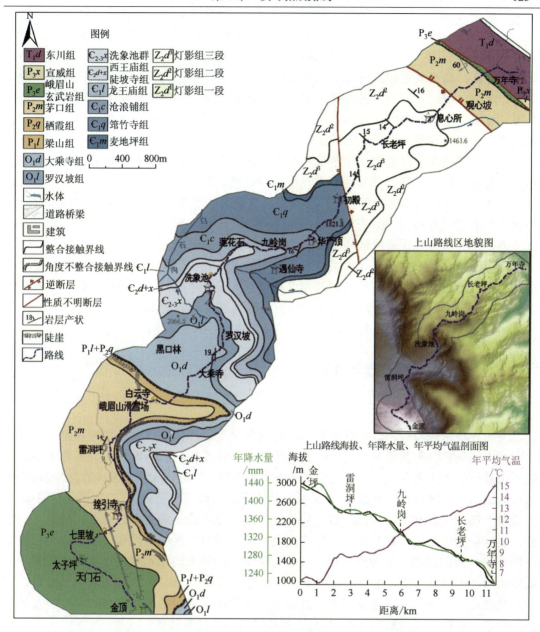

图 7.1　上山路线地质图

住性进行融合（贺静，2020）。由于峨眉山独特的地理和人文环境的影响，此地的寺庙园林空间具备独有的特色（樊丽和蒋丹，2017）。峨眉山寺庙楹联，历来以其量多质高，内容丰富，意境深邃，风格独特而闻名于世。楹联来源分为世人、僧人、皇家赏赐、官吏手迹，风格多样，字体不同，内容各有情趣。峨眉山佛教的流传发展，十分重视借助于文字宣传。古往今来用楹联这种形式在寺院里的亭、台、楼、阁悬挂，加深了寺庙佛教文化的氛围。峨眉山寺庙楹联折射出各个时代的社会风貌，是一笔宝贵的文化遗产（骆坤琪，1997a，1997b）。

针对寺庙主题，建议在上山和下山路线中观察寺庙建筑的选址、朝向（轴线）、规模、等级，分析其成因；关注单体建筑的朝向、屋顶形制、开间、进深、高度、底面积和台基高等特征，简析其成因；关注并简析基座、墙体、柱子、门窗、斗拱、挑檐、神像、文物、斗匾、楹联、彩画、藻井等元素的人文地理意义。关注寺庙所处地理环境，包括海拔、坡度、坡位、坡向、坡形、气温、降水、湿度、地层岩性、土壤、植被等特征。关注寺庙承担的宗教角色和寺庙的文化属性。

（3）游览路线设计要领。旅游线路是联系游客和景区、联系客源地和目的地的重要环节，需要体现主题性、体验性、主观性、专业性。①筛选游览节点：游览节点是每条游线的核心，也是游客体验的核心。节点可涵盖景区的主要游览点，也包括餐饮、住宿、购物、娱乐等服务节点。②提升体验：高级的路线设计，强调游线是引导游客参与景区体验路径，其本身就是旅游景区或者区域旅游体验的一部分。

针对线路设计等主题，建议关注各个景观节点的介绍信息，理解不同地名点蕴含的自然与人文地理含义；思考旅游线路及关键节点的设计思路，关注设计的自然、安全、生态、文化等原则及应用；注意路线上的游人行为及自身游览体验。

（4）成果呈现方式。短视频、照片、简图或者文字报告展示。

7.1.2　上山路线典型节点简介及要求

1. 万年寺

万年寺位于观心岭下，创建于东晋，时名普贤寺，唐僖宗时慧通禅师重建，更名白水寺，宋代易名白水普贤寺，明代神宗皇帝朱翊钧御题"圣寿万年寺"，简称万年寺，为峨眉山最早的六大古寺之一。可关注三个方面的内容：①寺院布局，整座寺院坐西朝东，依次为山门、观音殿（弥勒殿）、般若堂、毗卢殿、砖殿（普贤殿）、三宝楼（行愿楼）、贝叶楼、巍峨宝殿和大雄宝殿。以山门、观音殿、毗卢殿、般若堂为前庭，砖殿、三宝楼、贝叶楼为中部，巍峨宝殿、大雄宝殿及两厢为后部。巍峨宝殿和大雄宝殿并厢房组成四合院，四面回廊。全寺除砖殿为砖石穹隆顶外，其余均为木结构，穿斗式梁架，重檐歇山顶，小青瓦屋面，坐落在 5 级平台上，前后高差近 5m。②园林景观包括牡丹、茶花、杜鹃花、珙桐、树绣球等多种名贵花木。③珍藏文物包括佛像、"佛门三宝"（贝叶经、佛牙、御印）、法器、书画、匾对、寺院建筑、寺院装饰等。

2. 观心坡

观心坡是四川峨眉山著名险坡之一，位于观心岭之上，被当地人称为"十里长坡"。该坡左右为悬崖，又名点心坡、顶心坡。观心坡上有一棵中国海拔最高的岩桑，树龄近千年，树高 40m，胸围 4.8m，胸径约 1m，树冠南北长 6m，被誉为"乐山十大树王"之首。该点建议重点关注地貌及岩桑生长的地理环境。

3. 息心所

息心所始建于明代嘉靖年间（1522～1566 年），相传古为息心居士静习之庵，后开建为寺，故名息心所。明末清初荒废，乾隆年间（约公元 1736 年）重建寺宇，现存寺院为清光绪初年建筑。中华人民共和国成立后，几经维修，2000 年后又扩修地坝，恢复了四合院，寺后百米林中开辟为读书、习经之地，殿内供观音和药师佛。该点建议重点关注建筑与楹联等主题。

4. 长老坪

相传曾有长老（汉蒲公）坐化坪上。坪左为蒲公建造居室的地方，下为蒲氏村故址。宋时，怀古禅师于万寿坡下创建正殿三楹，供古佛及蒲公像。明正德初，宗宝上人重修，额曰万寿堂。坪下有观音岩、风洞、放光坡等名胜。该点建议重点关注地貌与植被景观等主题。

5. 初殿

初殿，又名初殿古刹，位于九岭岗下的骆驼岭。传为东汉时期蒲公的私宅，因蒲公见"普贤示相"，遂改宅为寺，故名，意为峨眉山建寺之始，为峨眉最早佛寺之一，与光相寺、黑水寺并称为峨眉山"三大祖堂"（周翔，2008）。初殿现存五间木结构建筑，大部为清乾隆年间遗物，唯有八枚石础为明代遗存；初殿内供释迦牟尼佛、文殊及普贤菩萨像，殿后左右供观音和地藏菩萨像。初殿一带有"云窝""云窝不雪"等自然景观。该点建议重点关注地貌、寺院格局及气象景观等主题。

6. 华严顶

华严顶雄踞峨眉山腰，所处位置为峨眉山的中段，为第二层大山，主峰群山环抱，视野开阔，可观云海、日出（周翔，2008）。华严寺创建于清康熙二年（公元 1663 年），清代雍正年间在峰顶扩建为寺。登上华严顶，可观金顶、九老洞、万年寺等山景，晴天还可以看到峨眉城区，所以这里有"小金顶"之称，"华严观云"是峨眉山著名景色之一。附近偶见小熊猫、红腹角雉（俗称野鸡）等野生动物。该点建议重点关注地貌景观，开展不同方位的可视性分析。

7. 九岭岗

九岭岗位于华严顶西侧，是南北两条上山路的汇合口，到达九岭岗后，若上行则经过险峻无比的钻天坡到达洗象池。该点建议重点关注地貌、气象、游览路径设计。

8. 钻天坡

钻天坡位于九岭岗莲花石与洗象池之间，这段山路全长约 2.5km，近 1500 个石台阶，坡度较陡，是峨眉山著名险坡之一。该路段石磴嶙峋，如登天梯，俗呼"鹁鸪钻天"。该点建议重点关注地貌景观和气象景观，思考旅游线路设计与设施布局的优化方法。

9. 洗象池

洗象池，明仅为一亭，称初喜亭（闻怡，1998），后改建为庵，名初喜庵。清康熙三十八年（公元 1699 年）建寺。乾隆初年（公元 1736 年）扩建，因寺前有一小池，传为普贤菩萨每逢此过，必先浴象，故改名洗象池，又称天花禅院。咸丰、同治年间建观音殿、弥勒殿、大雄殿。民国三十三年（1944 年）遍祥和尚重建大雄殿。1953 年维修，1984 年再次维修，并在观音殿后新建映月楼。洗象池现已成为全国重点寺庙之一。该点建议重点关注山顶地形和气候对寺庙布局、体量和材料方面的特殊影响，观察寺庙与猴的关系，观察杜鹃和冷杉等典型植物。

10. 杜鹃、报春花保护区

峨眉山的高山杜鹃保护区分布在海拔 2300～2600m 雷洞坪一带，该区杜鹃花最为集中，也是赏花的最佳地区。区内分布有美容杜鹃、海绵杜鹃、皱皮杜鹃、树生杜鹃、金顶杜鹃、问客杜鹃、光亮杜鹃等（表 7.1），大都为峨眉山特产、中国特有的名贵品种。

表 7.1　峨眉山典型杜鹃花特征统计

名称	特点	海拔/m	分布地区	花期	典型照片
美容杜鹃	峨眉山极名贵的乔木杜鹃花，也是四川杜鹃中的珍品；花色粉红，有"杜鹃皇后"之誉	2400～2500	雷洞坪、白云亭、双水井等地	4～5 月	
海绵杜鹃	常绿灌木或小乔木。叶革质，呈椭圆形，上面深绿色，下面有白色海绵状毛被。花为紫色或淡紫红色	2300～2700	雷洞坪	5～6 月	
皱皮杜鹃	高寒地带优势种。花冠为漏斗状钟形，颜色为浅肉红色或白色，管内有红色斑点	2300～2600	白云亭、雷洞坪	5～6 月	
树生杜鹃	生长独特，附生于冷杉树上，或长在岩坡苔藓之中，花冠宽钟形，蔷薇色，瓣内有深红斑，为峨眉山最小的高山杜鹃	1800～2540	九老洞至接引殿一带	4～6 月	
金顶杜鹃	在金顶有野生态，是峨眉山特有的名贵品种。德国植物学家费伯游山时采得这种鹃花标本，故《峨眉植物图志》又称其为费伯杜鹃	2600～3099	高寒地带	5～6 月	
问客杜鹃	高山名贵黄色杜鹃，伞形花序，顶生，花冠漏斗形，颜色为黄色或淡黄色	2400～3077	连望坡、雷洞坪、金顶、千佛顶等地	5～6 月	
光亮杜鹃	峨眉山特有的杜鹃；小花小叶，顶生花序，淡红紫色，或红紫色，花冠漏斗形钟状	2800～3050	金顶卧云庵、摄身岩一带岩坡上	6～7 月	

报春花（*Primula malacoides*），通常在初春开花，也有早在立春前开花，故名报春花，属报春花科多年生草本，叶基生，地下茎很发达，地上茎不发达，开花时期抽出花茎开花。花冠合瓣，下部呈细长的管状或圆柱形，上部分裂，裂片较大，有红、黄、蓝、紫、白诸色，娇小清丽。全山有十大品种，常见于龙门洞、清音阁、洪椿坪、九老洞、大乘寺、雷洞坪、金顶等地，其中藏报春、苣叶报春、峨眉报春属于较为典型的品种。

（1）藏报春（*Primula sinensis*）分布在低山区清音阁黑龙江阴湿岩畔。叶卵形，边缘深裂成缺刻，具锯齿；叶柄与花茎粗壮，覆盖刚毛。花紫色或淡红色，每年 12 月底在百花前争先开放，民间喜用它来点缀春节，又称年节花或年景花。

（2）苣叶报春（*Primula sonchifolia*）又名峨山雪莲花，为峨眉山著名药物和观赏植物。叶长披针形、倒披针椭圆形或长椭圆形，边缘分裂成几个裂片和不规则的锯齿状。花柄具纤毛，满布白粉；伞形花序，顶端有花 4～10 余朵，紫红色，艳美轻柔，堪称庭园花卉中的佳品。产于雷洞坪至金顶亚高山坡地和岩石上，现已稀少。

（3）峨眉报春（*Primula faberi*），1887 年被德国传教士费伯首次在峨眉山发现，故又名费伯报春，为峨眉山特产。生长在海拔 2800～3000m 的太子坪、金顶和千佛顶的岩壁阴湿处，到 7 月才开花。花茎较长而花梗较短，叶倒披针形，边缘具稀疏的尖锯齿。

11. 雷洞坪

汉时开建，唐宋时名雷神祠，明为雷神殿。清乾隆年间重建，更名雷洞坪。道光二十三年（公元 1843 年）再建。同治三年（公元 1864 年）移建于此。曾有风雷云雨铁佛十余尊。原庙因年久失修垮塌。1992 年重建，为重檐横列砖木结构，琉璃为瓦，融合了古今建筑风貌。该点建议重点关注地貌、气象、植物和旅游设施情况。

12. 接引殿

接引殿，宋时名新店，明初改建为接引庵，或称朝阳阁，后殿宇朽败。清初顺治十七年（公元 1660 年）重建，康熙时再建，铸有铜铁罗汉一堂。民国五年（公元 1916 年）被火烧毁，民国十五年（公元 1926 年）重建。建成后的接引殿殿宇崇宏，佛像庄严，法器华贵。1953 年又经大火，后仅恢复一殿，遥不及往日。该寺原址在 1982 年用于修建索下站，1995 年在距原址 100m 处重新恢复，1997 年落成。该点建议重点关注地貌、气象、场地特征及建筑特征。

13. 梳妆台

梳妆台，在峨眉山接引殿上方有一块巨大的石头，像一扇屏风屹立在路旁。巨石的岩壁苔滑陡峭，上面长满杜鹃花，远看起来像一个镶满珠玉的镂雕，这就是有名的梳妆台。该点建议重点关注岩石与植物之间的相互作用。

14. 七里坡

七里坡，峨眉山著名险坡，是登金顶的最长、最后一道险坡，以坡长 7 华里（约 3.5km）

而得名。七里坡约有 31 折（弯/曲），2380 余石级，山势险峻，山道向上盘回，有登天之感，道旁冷杉、杜鹃、箭竹与各种灌丛藤蔓组成一道高山绿色长廊，怪树奇石，点缀其间，形成众多天然山石盆景，人行其间，如在画中，所以也称"七里长廊"。该点建议重点关注地貌、气象、植物、旅游设施等主题。

15. 太子坪

太子坪，位于七里坡上，海拔 2858m，初创于明代，称万行庵，祀明神宗太子牌位。清顺治十年（公元 1653 年）正式建寺，置太子楼，塑造神像。明清时从太子坪至万佛顶曾有许多寺庙，但因火灾频繁，屡建屡废。太子坪主殿是高山区留存下不多的清代建筑，具有一定的代表性。建筑布局坐南朝北，原为四合院布局，现仅存大雄宝殿及东厢房。大雄宝殿为单檐悬山顶，抬梁式梁架，屋面为铝铁皮，素面台基，坐二级平台。寺周地势较宽敞，冷杉环抱，山花烂漫。该点建议重点关注地貌、气象、植物、寺庙建筑等主题。

7.1.3　金顶景区调研

金顶景区（图 7.2）是峨眉山自然景观的核心与精华所在，它位于全山海拔最高处，北为接引殿、南临万公山、东靠绝壁、西望王家山，与接引殿有客、货运索道和步行游山道相连。该区海拔在 3000m 以上，东面是新生代强烈地壳运动形成的悬崖绝壁，雄伟陡峻，蜿蜒数公里；西面是缓坡，一泻数十里直到沟底，密被冷杉、箭竹、杜鹃。金顶可观日出、云海、佛光、圣灯四大奇观，远眺峨眉平原、贡嘎山、瓦屋山，近观峨眉山三大主峰。金顶景区不仅有极佳的景观视野，也是历史悠久的"十方丛林"胜地［图 7.3（a）～（f）］。金顶景区现有华藏寺、卧云庵和电视台和气象站等建筑物。

华藏寺，全称为"永明华藏寺"，位于峨眉山金顶主峰，海拔 3077m。金殿是华藏寺的其中一殿，所处位置最高，与华藏寺合二为一，统称华藏寺，俗称金顶。金顶上最早的建筑传为东汉时的普光殿，唐宋时改为光相寺，明朝洪武年间宝昙和尚重修，为铁瓦殿。锡瓦、铜瓦殿为明代别传和尚创建。金顶金殿为明万历三十年（公元 1602 年）妙峰禅师请西蜀藩王潞安捐资建造。瓦、柱、门、棂窗和四壁都是铜质掺金，所以称为金殿。该殿不幸在清代被毁。中华人民共和国成立后，国家曾拨专款对金顶进行维修。1972 年 4 月 8 日，发生金顶大火灾，大火烧毁铜门 2 扇、铜壁 7 面、铜碑 1 座、铜塔 2 座，铜炉、铜瓶、铜镜难计其数；烧毁象牙佛、锡莲灯、馈砂佛经书、古代名人字画等 8972 件，损失之大令人扼腕。尤为可惜的是，《北隆藏经》在全国只有两部，而金顶庙里珍藏的这一部是最齐全的，共 7600 本（木刻版），也在大火中化为灰烬。从 1986 年起四川省人民政府拨专款进行重修。同年 8 月破土动工，于 1989 年建成，移交峨眉山佛教协会管理（余荨，2006）。

①金顶索道售票处
②金顶索道
③金顶大酒店
④金顶山庄
⑤十方普贤
⑥卧云禅院
⑦金顶大殿
⑧华藏寺
⑨华藏世界

图 7.2　金顶景区平面示意图

卧云庵位于峨眉山海拔 3065m 绝顶之处，因其位处摄身岩畔，白云上涌，寺如卧云，故名卧云庵。卧云庵现为国内海拔最高的汉传佛教寺庙，始建于唐代，明嘉靖时重建，因风高雪重，以锡瓦覆盖屋顶；因其坐落在波涛云海的"银色世界"之上，故又称"银顶"。清康熙初年再建。后又遭两次火灾，清代重建则改为铁瓦作盖。现存卧云庵已是清末建筑，建筑占地面积达 1600m²，为全木结构重楼（正殿为三重楼）悬山顶四合院式寺庙建筑，由弥勒殿、观音殿、玉佛殿及厢房组成。庵内外匾联众多。殿后的小睹光台，是观赏日出、云海、佛光、圣灯等金顶四大奇观的绝佳位置。

十方普贤金像位于峨眉山金顶，通高 48m，重达 600 多吨，建筑面积 1000m²，是世界上最大、最高的十方普贤像。金殿、铜殿建筑面积 1800m²。金殿为铜面鎏金屋顶，为中国最大金殿。朝拜大道宽 18m，长 108m，共有 10 级（层），由 10 对大象相对拱卫。金佛通高 48m，代表的是阿弥陀佛的 48 个愿望。"十方"一是意喻普贤的十大行愿，二

(a) 金顶

(b) 普贤神像

(c) 日出

(d) 日落及云海

(e) 从张沟村眺望峨眉金顶和万佛顶（2023年无人机拍摄，镜向W）

(f) 从张沟村远眺峨眉平原（2023年无人机拍摄，镜向NE）

图 7.3　金顶景区

是象征佛教中的东、南、西、北、东南、西南、东北、西北、上、下十个方位。普贤的十个头像分为三层，神态各异，代表了世人的十种心态（余葶，2006）。

进入 21 世纪以来，峨眉山开始实施金顶综合整治提升工程，按照历史改造华藏寺（铜殿）、金殿和银殿（卧云庵），共清除了与金顶景观不协调的建筑设施近 2 万 m^2，突出了金顶佛教文化氛围和雄秀神奇的自然景观。金顶华藏寺改造工程建成了目前全国最大的金殿，恢复了历史上的铜瓦殿——大雄宝殿，改造金顶华藏寺为四层两重殿，金殿、大雄宝殿的瓦、门、窗、斗拱、梁等采用铜件，金殿用镀金的方式处理，再现金碧辉煌、光彩夺目的效果，对卧云庵实施维修，恢复了历史上的锡瓦殿（余葶，2006）。

1. 教学目的

评价和分析峨眉山金顶景区景观质量；了解佛教寺庙建筑的设计和建设特点；了解金顶片区特殊自然奇观的形成原因；从改进游客体验和景区可持续发展视角，提出旅游服务设施的提升改造建议。

2. 内容与要求

地形地貌、地层岩性、地质构造、气象/气候、土壤、植被、寺庙建筑等构建评价指标，评价和分析金顶片区景观质量；尝试分析峨眉山金顶日出、云海、佛光、圣灯四大奇观的产生原因，同时挖掘四大奇观背后的人文地理意义；查阅文献资料，梳理金顶华藏寺建设、烧毁和重建历史，分析华藏寺的选址、朝向（轴线）和规模等级及其与峨眉山宗教发展和景区发展的关系；结合佛教寺庙空间布局的一般原则，调查金顶景区建筑的空间结构；关注华藏寺的建筑的高、中、低三重连接组建特征，了解各个单体建筑之间的空间关系，分析建筑选材、环境营造和防火、避雷、蓄水排水等特殊处理；掌握金顶景区改造的模式，严格保护金顶的自然与人文环境，通过拆迁金顶上的无关设施，恢复华藏寺、卧云庵的历史文化氛围，建设十方普贤塑像，全面协调金顶景观环境，达到提升金顶文化地位的作用；从改进游客体验的视角，结合峨眉山金顶的多变气象，提出旅游服务配套措施的改进策略。

7.2　九岭岗—五显岗路线调查

7.2.1　下山路线概况与要求

下山路线从九岭岗分路，经由遇仙寺、仙峰寺、九十九道拐、洪椿坪、生态猴区（支线牛心寺）、一线天和清音阁等地，达到五显岗车站（附录 7）。路线所在的条形区高程最小值 630m，最大值 2264m，平均值 1284m，平均坡度 28°，主要为褶皱断块中低山和褶皱断块中山地貌。路线主要涉及从前震旦纪到三叠纪的地层，包括东川组、宣威组、峨眉山玄武岩组、茅口组、龙王庙组、沧浪铺组、筇竹寺组、麦地坪组、灯影组三段、灯影组二段、灯影组一段、观音崖组、峨眉山花岗岩（图 7.4）。该区年降水量最小值 1189mm，最大值 1352mm，平均值 1249mm；年平均气温最小值 9.67℃，最大值 16.44℃，平均值 13.91℃。土壤类型主要为黄壤和黄棕壤。下山路线的实习要求与上山路线基本一致。

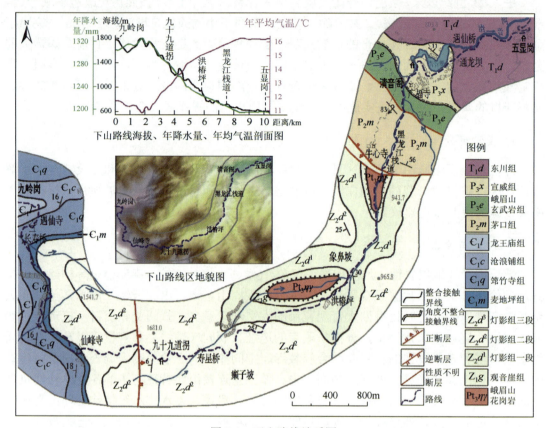

图 7.4　下山路线地质图

7.2.2　典型节点简介及要求

1. 遇仙寺

遇仙寺位于九岭岗下 250m 处的崖边，是峨眉山古建筑寺院中面积最小的。上行是钻天坡，下行是长寿坡，三面临绝壁，虽有一岩洞，实属弹丸之地，不宜修建建筑。古代工匠充分利用现状条件，因形取势，借洞立意，将建筑紧邻山岩修建，佛堂中心线正对岩洞，使之成为佛堂的自然延伸。人行至此，路断庙现，穿庙而过，方能拾路续行（周翔，2008）。该点可重点关注地质背景对地貌及寺庙建造的影响，分析有限空间的建筑规划与营建模式。

2. 仙峰寺

仙峰寺，原名慈延寺，位于仙峰岩下，门迎华严顶。该寺初创于元代至元十八年（公元 1281 年），初为一小庵。明代初，该寺建有专门存放明神宗御赐大藏经的藏经楼，万历四十年（公元 1612 年）扩建为大寺，名"仙峰禅林"。明崇祯十六年（公元 1643 年）毁于火灾，清乾隆四十四年（公元 1779 年）再度重建，名"仙峰寺"并沿用至今。寺前有九莲池，建于清末，民国十九年（公元 1930 年）重修，当初主要用来储备饮用和防火用水，目前仅作应急和消防之用，四周石栏上有许多文字题刻。餐秀山房为 1935 年所建。沿小径前行里许，有石柱六角亭台，名仙皇台，又称天皇台、三皇台，此处视野开阔，可瞭望峨眉平原沃野。该点可重点关注地貌、寺庙和植物等主题。

3. 九老洞

九老洞，位于仙峰寺背后的九老峰下，海拔 1752m，下临绝壁。九老洞地处碳酸盐岩地区，曾是一条地下河，随着峨眉山抬升，水去洞存，加之山水的冲刷侵蚀作用，便形成溶穴。洞口呈三角形，高约 4m，洞穴全长约 1500m。洞内大致分为三段，第一段人可直立行走；第二段出现岔洞，只能爬行；第三段则是裂隙型的洞穴。在洞的深处可看到形态各异的石钟乳、石柱、石花、石帘、石笋，能听到暗河的流水声。该点可关注岩溶地貌发生的地质背景及其产生的地貌和植物等景观影响。

4. 九十九道拐

九十九道拐为峨眉山著名险坡，起于凌霄亭，止于寿星桥。一拐连一拐，一坡接一坡。传说当年普贤来峨眉山建道场之初，途经此地时，见这里山势高峻，坡陡石滑，险绝人寰，便授意灵祖菩萨指挥随行三千力士同时动手，每人修一级台阶。三千石级顷刻而成，灵祖验收时一数，恰好石阶有九十九道拐，此坡因此得名。该点可关注地质环境对地貌及道路的影响，思考多弯陡峭道路的建设维护策略，思考游客驻留等设施的设计方法。

5. 洪椿坪

洪椿坪，又称千佛庵、千佛禅院。洪椿坪始建于明朝，时称千佛庵。清朝重修，因寺前有三棵洪椿古树而得名。树高 28m，胸径 2～3m，树冠东西延伸 30m，是中国特有的高龄树种。寺坐西南向东北，分别为山门、观音殿、大雄殿、普贤殿。该点可关注地貌、气象、寺庙建筑和植物等主题。

6. 一线天

一线天是一种狭缝形峡谷的俗称，以深且窄的地形为其特色。从清音阁至一线天，沿黑龙江西行上山，山径在江两岸迂回曲折；行至"山重水复疑无路"的极深处，有一峡谷，名白云峡，峡内外温差较大；进入峡谷，两面险崖绝壁，斜插云空，露出蓝天一线，高 200 多米，宽约 6m，最窄处仅 3m，此景因此得名"一线天"。该点可重点关注一线天景观的形成原因，思考景观观赏节点设计技巧。

7. 清音阁

清音阁，又称卧云寺，建于唐僖宗四年（877 年），此阁位于黑龙江和白龙江之间的山梁上，凌空高耸，形势险峻。以清音阁为中心，由清音阁、牛心寺、广福寺、白龙寺和白云峡构成了罕见的庞大的山野佛寺园林。清音阁下有双飞亭，左右各有桥，如鸟翼飞凌，故名双飞桥，亭下二水汇流处有一巨石，高丈许，形如牛心，砥柱中流，水声如雷。该地一年四季，无论昼夜，满回荡着水声，这水声单一而清晰，加上两桥，故而誉为"双桥清音"，成为峨眉十景之一。该点可重点关注河流地貌及佛寺园林景观等主题。

7.3　乐山市城市规划调查

7.3.1　乐山城市简介

乐山处在南丝绸之路、长江经济带交会点，是国家历史文化名城、国家园林城市、国家智慧城市试点市、国家水生态文明建设试点市、省环境优美示范城市、省环保模范城市，是成渝城市群规划的成都平原区域中心城市之一。乐山有人类活动的历史可追溯至石器时代，历史悠久，文化璀璨。春秋时期蜀王开明故治。秦统一中国后，于市境内置南安县，隶属蜀郡，后曾改属犍为郡。北周大成元年（公元 579 年），取"郡土嘉美"之意，置嘉州。宋改嘉州为嘉定府，元改为嘉定府路，明降为嘉定州。清雍正十二年（公元 1734 年）复升为嘉定府，并在府治置乐山县，取城西南五里"至乐山"为名，"乐山"之名沿用至今。1950 年，设乐山专区。1985 年，撤销乐山地区建地级市。1997 年行政区划调整，眉山等 6 县划出。乐山被誉为"士大夫之郡"，是郭沫若的故乡。中心城区坐落在三江（岷江、大渡河、青衣江）交汇处，与乐山大佛隔江相望，融佛、山、水、城于一体。市中心城区建成区面积 75km^2，常住人口 70 余万人。中心城区跨市中区、五通桥、沙湾区，包含乐山高新技术开发区，规划面积约 288km^2。主城区范围（即市直管区域）包括青江、柏杨坝、蟠龙、老城、绿心、棉竹、通江、肖坝、岷江东岸、牟子、高新区、水口、苏稽、杨湾 14 个片区及大佛景区等区域，面积约 236km^2[①]。

乐山市城市总体规划（2011—2030）指出，乐山市的总体定位是世界复合遗产名城、国际旅游慢城。总体目标是坚持以人为本，贯彻创新、协调、绿色、开放、共享的新发展理念，按照国际一流、国内领先的要求，近期将乐山建设成为四川旅游首选地、绿色转型示范市、山水园林宜居城、总部经济聚集区，远期将乐山建设成为特色鲜明、高度开放、环境优美、经济发达、生活富裕、城乡协调的宜居宜业宜游的世界旅游目的地城市。城市性质是世界旅游目的地，国家历史文化名城，生态宜居公园城市。城市职能是国家旅游业改革创新先行区、西部地区旅游服务重要基地和对外开放的国际交流重要平台，四川高新、文化产业增长极和总部经济集聚区，成都平原经济区区域中心城市。

根据《乐山市中心城区老城片区控制性详细规划》，乐山市主要划分为嘉州片区（老城区、绿心、嘉州长卷文化休闲禅修康养板块）、苏稽片区（苏稽古镇文创休闲板块、水口湿地休闲度假板块）、高新片区（故宫文物南迁遗址公园、至乐山精品度假板块）、牟子片区及乐山大佛景区等（图 7.5）。乐山城市规划调查主要围绕中心城区展开，主要涉及滨河地带、绿心、乐山大佛、苏稽古镇、乐山高铁站等典型点（线、区）。

---

① 地区概况. https://www.leshan.gov.cn/lsswszf/gkxx/lmttview.shtml [2022-07-26].

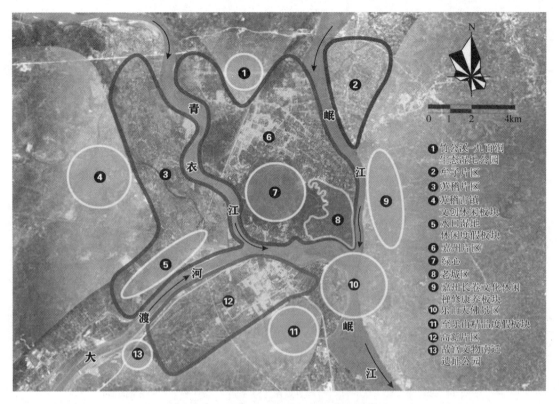

图 7.5　乐山市中心城区功能组织规划图

7.3.2　滨河环境调查

　　受岷江水系控制，乐山地区的支水系发育，在城区呈现青衣江、大渡河和岷江三江汇流的雄伟景观。青衣江呈北西→正南流动，河口年平均流量 565m³/s，河宽 200～600m，径流总量 18 亿 m³；大渡河呈南西→北东流动，河口年平均流量 1510m³/s，河宽 250～600m，径流总量 473 亿 m³；岷江呈正北→正南流动，河口年平均流量 2840m³/s，河宽 300～600m，径流总量为 846 亿 m³。三大河流及支流带来了丰富的水资源，也塑造了优质的水景观，成为承载力历史文化的重要载体。滨江河岸环境如图 7.6（a）～（c）所示。

(a) 乐山市中区滨河路（2022年拍摄，镜向NE）

(b) 乐山市中区滨河路（2022年拍摄，镜向SW）

码头　　　　　　　　　　岷江堤岸（1）　　　　　　　　　岷江堤岸（2）

铁牛门　　　　　　　　　　沫若广场　　　　　　　　　　江岸树景

街头生活（1）　　　　　　　街头生活（2）　　　　　　　　戏剧表演

(c) 乐山市滨河环境（2022年拍摄）

图 7.6　乐山市滨河环境

1. 教学目的

借鉴国内外已有的滨河环境治理和景观塑造案例,收集和调查乐山城市的滨河环境信息,从水环境、水景观、水文化视角提出改进策略。

2. 内容与要求

根据水环境调查资料,提出保护水环境策略,思考如何依托乐山市"一总部五基地"工业集中集约布局契机,减缓工业排放对水环境影响,同时探求加强城市生活污水治理,落实流域生态修复与保护的具体途径;调查和探讨培植和营造水景观的方法,围绕岷江航电开发,依托"三线四区一湖六湿地"建设,提出加强岸线资源管控保护、提升岸线绿化和亮化水平、打造亲水岸线景观的策略;提出发掘水文化的具体途径,收集各种文献资料,挖掘岷江、大渡河、青衣江人文历史及其水运、水利文明,提炼水文化的设计要点和应用策略。

7.3.3　城市绿心调查

乐山市在 1987 年规划了城市"绿心",通过持续建设与管理,实现了"绿心环形城市"布局,形成了"山水中的城市,城市中的森林",乐山"绿心"已经成为众多城市规划建设与生态环境保护的学习典范(赵银兵等,2015)。乐山嘉州绿心公园占地面积约 9.8km²,有"乐山城市之肺"的美誉,是中国地级市中最大的城区绿心。嘉州绿心公园拥有国家一级保护野生植物银杏、红豆杉、野生苏铁和国家一级保护动物朱鹮、四川山鹧鸪等。通过整合现有资源,衔接嘉州绿心公园绿道系统,依托实际地形地貌环境,合理布局,凸显曲径通幽的效果。以道路系统为依托,形成系统性的青衣江沿岸景观和服务设施体系规划。绿心生态环境如图 7.7(a)～(c)所示。

(a) 芦山湿地与植被景观(2022年拍摄)

(b) 竹公溪路及植被景观(2022年拍摄)

| 庙子湾 | 猴馆公园 | 珍稀植物园 |

| 绿心南路绿道 | 竹公溪服务区 | 羊腊沟 |

(c) 绿心公园景观与设施（2022年拍摄）

图 7.7　乐山城市绿心

1. 教学目的

调查绿心公园建设的地理条件，评价分析绿心公园景观现状和的生态化和海绵化设施，结合国内外同类优秀案例，从多个维度提出绿心公园的改进策略。

2. 内容与要求

采用遥感与地理信息系统技术，获取绿心公园空间分布数据；分析绿心公园的区位条件，思考绿心公园建设的自然地理与人文地理条件，分析其对乐山城市整体景观格局的影响；调查和分析绿心公园中各类植被的构成，分析绿心公园植物和花卉的配置和优化模式，思考如何更好地融入乐山市"山、水、佛、城"等文化要素；从建筑、植物、水体和地形等要素出发，思考如何构建层次多样的海绵体；选择典型小流域或者汇水区，调查和分析雨水的渗、滞、蓄、净、用、排过程，探讨精细化和智能化调控模式；思考如何提升绿心公园生态功能、游憩功能、文化功能，如何提升市民与游客的运动与观赏等活动体验。

7.3.4　乐山大佛调查

乐山大佛坐落在乐山市城东南凌云山西壁岷江、青衣江、大渡河三江汇流处，唐玄宗开元初年（公元 713 年）海通禅师始建，章仇兼琼续凿，韦皋竣工于唐德宗贞元十九年（公元 803 年），历时九十载。大佛通高 71m，魁伟高大，比例匀称，宝相庄严，头部发髻 1051 个，髻髻相连。在佛颈后壁至佛脚，隐藏着科学的排水系统。它既是世界上最高大的古代石刻弥勒坐佛，也是人文与自然的美妙结合。大佛景区内有全国重点文物保护单位 3 处，省级文物保护单位 2 处。景区以唐代摩崖造像为中心，散布着秦蜀守李冰开凿的离堆、汉代崖墓群、唐宋佛像、宝塔、寺庙、明清建筑群等。乐山大佛景区的自然与人文环境如图 7.8（a）～（e）所示。

(a) 岷江和大渡河交汇处及乐山大佛无人机俯瞰图（2020年拍摄，镜向SE）

(b) 乐山大佛近景（2022年拍摄）

(c) 乐山大佛景区牌坊（2022年拍摄）

(d) 东坡楼（2022年拍摄）

(e) 灵宝塔（2022年拍摄）

图 7.8　乐山大佛景区的自然与人文环境

1. 教学目的

调查丹霞地貌和河流地貌对乐山大佛景区开发与保护的影响，提出"景城一体化"的开发与风貌协同策略。

2. 内容与要求

分析景区丹霞地貌成因；分析景区岩石类型、厚度、产状、裂隙等对坡面及乐山大佛的影响；分析丹霞地貌及河流地貌对大佛开凿、开发和保护的影响；观察和分析乐山大佛排水系统的基本原理；结合国内外石刻及岩画保护技术，提出大佛景区崖刻景观的保护措施；从大佛景区的观光游憩、佛禅文化体验视角出发，思考实现大佛景区与乐山市"一城山水半城佛"的总体规划风貌协同一体化的途径。

7.3.5　苏稽古镇调查

苏稽镇位于乐山中心城区西部，处于乐山大佛到峨眉山精品旅游带的中间，是一座千年古镇，距离乐山大佛景区约 16.6km，距离峨眉山景区约 26.5km，是连接两大著名景区的交通枢纽，具有明显地理优势。苏稽古镇约形成于隋朝，最开始叫桂花场，坐落在荻坪山脚下，在隋唐时期曾是去峨眉山朝圣路上的重要驿站，因此形成了镇上市集文化的繁荣，逐渐形成三场两乡的格局。苏稽场位于南岸，沙嘴场和葛老场随后形成占据北岸，逢单赶场的习俗仍然延续至今，每逢单日路边都会聚集各类的商贩，一大早周边的村民都会来赶场，成为四乡交易的中心。古镇以传统餐饮、购物为主（李旭晨，2018）。2016 年苏稽镇政府范围为苏稽古镇建成区以及沿峨眉河两侧地块，范围为 8km^2，0.4km^2 的苏稽古镇为核心保护区块。苏稽古镇业态丰富，种类和数量繁多，其中占比最多的是当地的地方特产营销店铺。苏稽古镇当地地方特产的售卖成为常住居民的主要收入手段以及构成城镇经济来源的核心组成部分（陈柳之芝，2018）。苏稽古镇的建设情况如图 7.9（a）～（e）所示。

(a) 半边街	(b) 苏稽大道	(c) 苏稽老戏台
(d) 街面业态	(e) 街面业态	(f) 街面业态
(g) 庭院环境	(h) 庭院环境	(i) 文化墙

图 7.9　苏稽古镇的建设情况（2022 年拍摄）

1. 教学目的

认识自然与人文地理环境对苏稽古镇空间格局、建筑、业态和文化各个层面的影响，思考古镇规划、设计、管理和经营方面的提升策略。

2. 内容与要求

分析古镇地理位置及气候环境对古建筑院落空间、组群布局的影响；分析当地气候对川西式古建筑在色彩搭配、装饰艺术、材料选取等方面的影响；分析如何保持川西式古建筑与新建筑在住宅布局、建筑造型、房屋结构等方面的协调；分析古镇商业形态是如何将古镇街道风貌与古镇历史文化相结合的；从规划角度思考如何将古镇保护融入文化传承、旅游开发、美食销售之中；分析古镇在打造苏稽古镇文化运动休闲板块中的重要性。

7.3.6　乐山高铁站调查

乐山高铁站位于中国四川省乐山市青江新区绿心街道宝莲路，是中国铁路成都局集团有限公司峨眉车务段管辖的一等站，始建于 2010 年，位于成贵高速铁路与成绵乐城际铁路的交会处，规划中的雅眉乐自城际铁路也在此处设站；高铁乐山站北离成都东站135.4km，距乐山北站 25km；西离峨眉山站 27.1km；南距犍为站 72km。与正在建设中的乐山有轨电车、乐山机场直线距离约 18.2km。高铁站及周边的建设情况如图 7.10（a）～（e）所示。

(a) 乐山高铁站

(b)景观设计　　　　　　　　　(c)广场设计　　　　　　　　　(d)园林景观

(e)周围业态　　　　　　　　(f)周围业态　　　　　　　(g)乐山汽车客运中心站

图 7.10　高铁站及周边的建设情况（2022 年拍摄）

1. 教学目的

调查高铁站场及周边区域的空间布局、建筑形态、商业形态、客流特征等，提出优化广场形象、商业开发和管理服务等方面的规划设计与策略。

2. 内容与要求

通过资料收集和现场调查等方法，从区域相互联系角度，评价分析"站、场、城"一体化水平；掌握高铁站及周边区域的区位条件及土地利用现状，评价土地利用开发强度；从城市交通组织的角度，评价站前广场内各功能流线布置与区域交通组织的关系；调查站前广场的交通空间现状，绘制功能布局图、交通组织图、公共设施分布图、景观设施分布图；调查站前广场的人行空间、公共车站、出租车停靠点（临时停车设施）、长途汽车、社会车辆停车场的组织形式，以人员流动安全、舒适和高效为指导原则，提出交通空间的改进办法；调查和评价在交通换乘路径、公共空间节点上配置的商业、餐饮等配套服务功能的便利性，提出更加人性化的提升措施；分析高铁广场的建成对青江片区构建"大商圈、新中心、多聚集"的影响；从城市空间形态引导的角度分析广场建筑布局、体量对增强城市天际线层次变化的影响；从高铁片区建筑风格、色彩思考如何体现乐山城市红砂石传统地域色彩；分析高铁广场景观如何构建乐山城市门户景观节点；调查广场景观设计对地域人文特色和时代精神营造方法，提出改进措施；调查站场生态节能设施运行现状，提出更加节能环保的设计或策略。

参 考 文 献

陈福义，范保宁. 1993. 商业地理学理论与应用. 北京：中国商业出版社.

陈克强. 2011. 地质图的产生、发展和使用. 自然杂志，33（4）：222-230，250-251.

陈柳之芝. 2018. 地方特产品牌形象设计探索：以苏稽古镇为例. 杭州：中国美术学院.

陈鹏，张继，张占元. 2019. 峨眉山七里坪温泉深循环模式分析. 科技与创新（1）：60-61，63.

陈廷方，崔鹏，姚令侃. 2006. 西南山区公路工程建设对地质环境的影响：模糊综合评价. 自然灾害学报，15（3）：8-13.

陈绪钰，李明辉，王德伟，等. 2019. 基于 GIS 和信息量法的四川峨眉山市地质灾害易发性定量评价. 沉积与特提斯地质，39（4）：100-112.

陈振勇. 2007. 少林拳与巴蜀武术源流考. 四川体育科学，26（3）：24-26，34.

程肖琼. 2009. 建筑石材的开发应用与绿色化. 广东建材，25（1）：100-103.

地质人. 2019. 如何正确使用地质罗盘？石油知识（2）：24.

邓江红，张燕，邓斌. 2013. 峨眉山地质认识实习教程. 北京：地质出版社.

读城健鹰策划工作室. 2008. 峨眉天下秀 觉悟话象城. 西部广播电视（5）：148-149.

杜白. 2012. 高等校园的场所精神：以西南交通大学峨眉校区公共活动空间为例. 四川建筑，32（4）：12-13，16.

杜洁祥. 1980. 峨眉山志. 台北：明文书局.

多杰东知. 2011. 阅读地质图的一般方法和步骤. 新课程学习（下）（3）：176.

峨眉山市地方志编纂委员会. 2014. 峨眉山市志（1986~2005）. 北京：中央民族大学出版社.

峨眉山市地方志工作办公室. 2022. 峨眉山市年鉴（2022）. 长春：吉林文史出版社.

樊丽，蒋丹. 2017. 峨眉山寺庙园林空间特征研究. 中国城市林业，15（5）：60-63.

冯刚. 2005. 中国当代大学校园规划设计分析：兼论组团式大学校园规划. 天津：天津大学.

冯陵. 1992. 峨眉景观探源. 成都：成都科技大学出版社.

高等学校教学指导委员会. 2018. 普通高等学校本科专业类教学质量国家标准（上）. 北京：高等教育出版社：474.

关尹文. 1985. 沉积韵律初步分析. 大地构造与成矿学，9（4）：357-366.

郭洁. 2002. 峨眉山旅游气候研究. 成都信息工程学院学报，17（2）：109-115.

贺静. 2020. 峨眉山大佛禅院空间形态研究. 成都：西南交通大学.

胡刚，周刚，周平，等. 2020. 植物识别类 APP 在高校植物学野外实习教学中的应用. 大学教育，9（11）：115-117.

胡文光. 1964. 峨眉山植物区系的初步研究. 四川大学学报（自然科学版）（3）：149-164.

黄诗曼，胡庆武，李海东，等. 2020. 基于 RS 和 GIS 的峨眉山风景区生态风险评价. 环境科学研究，33（12）：2745-2751.

黄绶芙，谭钟岳. 1980. 新版峨山图志. 台北：明文书局.

黄伟，何立群. 2007. 中国四大佛教名山峨眉山. 中国地名（9）：6-25.

颉芳. 2008. 乐山市红珠山宾馆企业战略研究. 成都：西南交通大学.

景小元，燕晋宁. 2013. 地理国情普查中的地理摄影要素与技法. 科技信息（20）：204-206.

李建强. 2012. 风景写生中常见景物的表现. 美术大观（1）：50-51.

李小杰，刘维东，杨靖，等. 2011. 四川峨眉山野生观赏植物资源调查.// 张启翔. 中国观赏园艺研究进展. 北京：中国林业出版社.

李晓卉. 2017. 峨眉山伏虎寺建筑群研究. 重庆：重庆大学.

李旭晨. 2018. 品牌语境下地方文化产品设计模式研究：以苏稽古镇的文化产品研发为例. 杭州：中国美术学院.

李旭光. 1984. 四川省峨眉山森林植被垂直分布的初步研究. 植物生态学与地植物学丛刊，8（1）：52-66.

李振宇，石雷. 2007. 峨眉山植物. 北京：北京科学技术出版社.

刘照光. 1985. 贡嘎山植被. 成都：四川科学技术出版社.

刘仲兰，李江海，姜佳奇，等. 2015. 四川峨眉山地质遗迹及其地学意义. 地球科学进展，30（6）：691-699.

陆超，李晓斌，张亚斌，等. 2021. 峨眉山花岗岩年代学及构造环境意义. 矿物岩石，41（1）：53-66.

罗晓玲，吴薇. 2021-01-09. 打造山水园林宜居城. 乐山日报，第 002 版.

骆坤琪. 1984. 峨眉山宗教历史初探. 宗教学研究（S1）：27-34.

骆坤琪. 1997a. 峨眉山佛、道关系试探. 宗教学研究（2）：76-81.

骆坤琪. 1997b. 峨眉山寺庙楹联漫谈. 文史杂志（6）：26-27.

毛银坤，傅尚勋，吴信详，等. 1989. 四川武术大全. 成都：四川科学技术出版社.

强笑笑，武法东. 2021. 地质景观的素描初探. 地质与勘探，57（3）：640-646.

任宜敏. 2013. 清代汉传佛教政策考正. 浙江学刊（1）：7-22.

四川省地方志编纂委员会. 1996a. 四川省志·地理志（上册）. 成都：四川科学技术出版社.

四川省地方志编纂委员会. 1996b. 四川省志·地理志（下册）. 成都：四川科学技术出版社.

四川省峨眉县志编纂委员会. 1991. 峨眉县志. 成都：四川人民出版社.

四川省地方志编纂委员会. 1996. 峨眉山志. 成都：四川科学技术出版社.

四川植被协作组. 1980. 四川植被. 成都：四川人民出版社.

宋天华，罗萍. 2011. 非物质文化遗产视野下峨眉武术产业发展的困境与出路. 成都体育学院学报，37（2）：63-66.

孙书勤. 2011. 峨眉山玄武岩结构面类型及其工程效应研究. 成都：成都理工大学.

王荷生，张镱锂. 1994. 中国种子植物特有属的生物多样性和特征. 云南植物研究（3）：209-220.

王珂歆. 2013. 四川寺庙园林景观结构及其发展研究. 成都：四川农业大学.

王娜. 2018. 峨眉山高铁站片区商业开发研究. 山西建筑，44（18）：24-25.

王强，袁兴中，刘红，等. 2014. 基于河流生境调查的东河河流生境评价. 生态学报，34（6）：1548-1558.

王清，廖学圆，刘守江 等. 2018. 峨眉山种子植物的垂直分布研究. 安徽林业科技，44（3）：7-12.

王少勇. 2018. 国家地质大数据服务平台"地质云 2.0"上线. 资源导刊（11）：40.

王思康，曾昭贵，朱创业. 1991. 峨眉山地区地质认识实习指导书. 成都：成都地质学院.

王小霞，夏克勤. 2006. 峨眉山岩溶简介及其开发利用. 水土保持研究（6）：250-252.

魏奕雄. 2012. 峨眉山蒋介石官邸. 中共乐山市委党校学报，14（6）：106.

闻怡. 1998. 钻天坡上洗象池. 四川戏剧（3）：43.

肖遥. 2016. 峨眉山风景名胜区寺庵景观理法研究. 北京：北京林业大学.

熊舜华，李建林. 1984. 峨眉山区晚二叠世大陆裂谷边缘玄武岩系的特征. 成都地质学院学报（3）：43-59.

颜晓佳，周云龙，李韶山. 2013. 佛教寺庙常见植物. 生物学通报，48（11）：7-11.

杨静. 2013. 峨眉山市茶叶产业的发展现状与对策. 北京：中国农业科学院.

杨珺嵋. 2016. 论景观设计与规划：以峨秀湖为例. 明日风尚，（10）：83.

姚小兰，杜彦君，郝国歉，等. 2018. 峨眉山世界遗产地植物多样性全球突出普遍价值及保护. 广西植物，38（12）：1605-1613.

应俊生，张玉龙. 1994. 中国种子植物特有属. 北京：科学出版社.

永寿. 2004. 峨眉山与巴蜀佛教. 北京：宗教文化出版社.

余大富. 1984. 贡嘎山的土壤及其垂直地带性. 土壤通报（2）：65-68.

余玫. 2008. 关于峨眉山茶文化旅游的一些思考. 才智（8）：228.

余葶. 2006 .云上金顶　天下峨眉：记峨眉山金顶十方普贤开光法会暨华藏寺恢复落成庆典. 中国宗教（7）：18-19.

袁光明，杨宇，陈刚. 2008. 成绵乐城际客运专线峨眉站方案研究. 铁道建筑（2）：101-104.

张迪. 2014. 探索仿古商业街川西园林景观新演绎——四川"峨眉院子"设计. 中国园林，30（1）：54-58.

张勤，樊文锋. 2012. 测绘与地理国情监测. 测绘通报（11）：78-80.

赵垚，晏宗权，韩雪梅. 2017. 红珠山蒋介石官邸的现代地理与风水综合探究. 山西建筑，43（17）：26-27.

赵银兵，倪忠云，郭善云，等. 2015. 遥感和 GIS 技术支持下的乐山城市"绿心"地温特征. 桂林理工大学学报，35（3）：482-489.

中国大百科全书总编辑委员会《体育》编辑委员会，中国大百科全书出版社编辑部. 1982. 中国大百科全书-体育卷. 北京：中国大百科全书出版社.

中国地质调查局. 2008. 滑坡崩塌泥石流灾害详细调查规范（1∶5 万）（DD2008-02）. 北京：中国地质调查局.

周翔. 2008. 峨眉山名山风景区景观序列研究. 重庆：重庆大学.

周绪伦. 1981. 四川省峨眉幅 H-48-20 1/20 万区域水文地质普查报告. 成都：四川省地矿局水文地质大队.

祝河清. 2017. 手机奥维互动地图在公路施工中的应用. 公路，62（10）：156-158.

庄平. 1998. 峨眉山特有种子植物的初步研究. 生物多样性（3）：53-59.

Portal A，Belle P，Mathieu F，et al.2017. Identification and characterization of hard rocks weathering profile by electrical resistivity imaging. 23rd European Meeting of Environmental and Engineering Geophysics. Malmö: EAGE Publications BV.

Runkel A C，Tipping R G，Alexander E C，et al. 2003. Hydrogeology of the Paleozoic bedrock in southeastern Minnesota：Minnesota. Geological Survey Report of Investigations，61：105.

Varnes D J.1958. Landslide types and processes. Landslides and Engineering Practice，24：20-47.

附　　录

附录1　地质年代表

宇(宙)	界(代)	系(纪)	统(世)		年龄/Ma	备注
显生宇(宙) PH	新生界(代) Cz	第四系(纪) Q	全新统(世)	Q_h	-0.01-	确立在中国的全球层型剖面(金钉子)
			更新统(世)	Q_p	-2.58-	
		新近系(纪) N	上新统(世)	N_2	-5.33-	1: 三叠系下三叠统殷坑阶金钉子,距今251.9Ma(浙江长兴煤山)
			中新统(世)	N_1	-23-	
		古近系(纪) E	渐新统(世)	E_3	-33.9-	
			始新统(世)	E_2	-56-	
			古新统(世)	E_1	-66-	
	中生界(代) Mz	白垩系(纪) K	上(晚)白垩统(世)	K_2	-100.5-	2: 二叠系乐平统长兴阶金钉子,距今254.2Ma(浙江长兴煤山)
			下(早)白垩统(世)	K_1	-145-	
		侏罗系(纪) J	上(晚)侏罗统(世)	J_3	-163.5-	
			中(中)侏罗统(世)	J_2	-174.1-	3: 二叠系乐平统吴家坪阶金钉子,距今259.1Ma(广西来宾蓬莱滩)
			下(早)侏罗统(世)	J_1	-201.3-	
		三叠系(纪) T	上(晚)三叠统(世)	T_3	-237-	
			中(中)三叠统(世)	T_2	-247.2-	
			下(早)三叠统(世)	T_1	1,2,3 -251.9-	
	古生界(代) Pz	二叠系(纪) P	上(晚)二叠统(世)	P_3	-259.1-	4: 石炭系下石炭统维宪阶金钉子,距今346.7Ma(广西柳州北岸乡碰冲)
			中(中)二叠统(世)	P_2	-272.9-	
			下(早)二叠统(世)	P_1	-298.9-	
		石炭系(纪) C	上(晚)石炭统(世)	C_2	-323.2-	5: 奥陶系上奥陶统赫南特阶金钉子,距今445.6Ma(湖北宜昌王家湾)
			下(早)石炭统(世)	C_1	4 -358.9-	
		泥盆系(纪) D	上(晚)泥盆统(世)	D_3	-382.7-	
			中(中)泥盆统(世)	D_2	-393.3-	6: 奥陶系中奥陶统达瑞威尔阶金钉子,距今467.3Ma(浙江常山黄泥塘)
			下(早)泥盆统(世)	D_1	-419.2-	
		志留系(纪) S	顶(末)志留统(世)	S_4	-423-	7: 奥陶系中奥陶统大坪阶金钉子,距今471.8Ma(湖北宜昌黄花场)
			上(晚)志留统(世)	S_3	-427.4-	
			中(中)志留统(世)	S_2	-433.4-	
			下(早)志留统(世)	S_1	5 -443.8-	8: 寒武系芙蓉统江山阶金钉子,距今494Ma(浙江江山碓边)
		奥陶系(纪) O	上(晚)奥陶统(世)	O_3	-458.4-	
			中(中)奥陶统(世)	O_2	6,7 -470-	9: 寒武系芙蓉统排碧阶金钉子,距今497Ma(湖南花垣排碧)
			下(早)奥陶统(世)	O_1	-485.4-	
		寒武系(纪) Є	顶(末)寒武统(世)	$Є_4$	8,9 -497-	
			上(晚)寒武统(世)	$Є_3$	10,11 -509-	10: 寒武系苗岭统古丈阶金钉子,距今500.5Ma(湖南古丈罗依溪)
			中(中)寒武统(世)	$Є_2$	~521	
			下(早)寒武统(世)	$Є_1$	-541-	
元古宇(宙) PT	新元古界(代) Pt3	埃迪卡拉系(纪)	震旦系(纪)	Z	-635-	11: 寒武系苗岭统乌溜阶金钉子,距今509Ma(贵州剑河)
		成冰系(纪)	南华系(纪)	Nh	~720 -780-	
		拉伸系(纪)	青白口系(纪)	Qb	-1000-	
	中元古界(代) Pt2	狭带系(纪)	待建系		-1200-	
		延展系(纪)				
		盖层系(纪)	蓟县系(纪)	Jx	-1400-	
		固结系(纪)	长城系(纪)	Ch	-1600-	资料来源于南京大学野外记录本附件(2019),其根据国际地层委员会发布的《国际年代地层表》(2018/08版)英文版以及樊隽轩等(2018)的中译版制作。
	古元古界(代) Pt1	造山系(纪)	滹沱系(纪)	Ht	-1800- -2050-	
		层侵系(纪)			-2300-	
		成铁系(纪)				
太古宇(宙) AR					-2500- -4000-	
冥古宇(宙) HD					-4600-	

附录2　峨眉地区地层简表

年代地层		岩石地层		代号	厚度/m	岩性组合
第四系	全新统			Q_4^{pal}	0.09	冲洪积层,具有二元结构,上部压砂土、亚黏土,下部砾石层
	上更新统			Q_3^{pl}	38.23	洪积层,含砾黏土与下砾石层,或黏土充填的砾石层,半胶结状
	中更新统			Q_2^{fgl}	45.24	冰水沉积层,自上而下为亚黏土层、砂、黏土充填的砾石层,局部为泥砾层
新近系	上新统	凉水井组		N_2l	135	半胶结的砾石层、粉砂质黏土层,产植物化石,与下伏地层角度不整合接触;河流相
古近系	始新统	名山组		$E_{1-2}m$	150	砖红色中—厚层砂岩,下部夹薄层泥岩,上部夹粉砂岩及细砂岩;产介形类及孢粉化石;与下伏地层整合接触;半咸化湖泊相
	古新统					
白垩系	上统	灌口组		K_2g	423	砖红色、紫红色中—厚层粉砂岩、泥岩,岩石中含大量的石膏晶粒、膏盐晶洞,具水平层理、小型斜层理和微波状层理;产介形类化石;上部夹少量灰岩、白云岩及薄层石膏;与下伏地层整合接触;咸化湖泊相
	下统	夹关组		K_1j	453	砖红色厚—块状砂岩夹粉砂岩及薄层泥岩,底部具层间砾岩,具大型交错、平行、槽形层理,波痕、泥裂及冲刷面构造;产介形类、鱼、恐龙足迹化石等;与下伏地层整合接触;河流相
		天马山组		K_1t	260~370	棕红、砖红色泥岩、砂质泥岩为主,夹同色含长石石英砂岩或者钙质砂岩,夹层以该组下部出现较多、局部具底砾岩;含介形虫 Cypridea sp.、Mongolianella sp.等;与下伏地层平行不整合接触;河湖相
侏罗系	上统	蓬莱镇组		J_3p	90	紫红色泥岩为主,夹粉砂岩及少量细砂岩,偶夹灰岩团块或薄层,发育微波状层理;产双壳类、介形虫为主的化石;与下伏地层整合接触;湖泊相
		遂宁组		J_3sn	370	鲜艳的砖红色泥岩为主,夹少量砂岩、粉砂岩及薄层泥灰岩,泥裂发育;产介形类化石;与下伏地层整合接触;河泛平原河漫滩相
	中统	沙溪庙组	上段	J_2ss	398	紫灰、灰绿、紫红色的砂岩、粉砂岩、泥岩的旋回层,上部夹少量泥灰岩,底部为厚约10m的灰黄色厚层砂岩,见斜层理、楔形层理、平行层理等;与下伏地层整合接触;河流相
			下段	J_2xs	178	灰绿、灰黄、紫红色砂岩、粉砂岩、泥岩的旋回层,底部有20m厚灰白色厚层砂岩,顶部为含叶肢介化石的泥岩(湖泊相),具斜层理、平行层理等;与下伏地层整合接触;河流相
	下统	自流井组		$J_{1-2}z$	211	黄灰、绿灰、紫红色砂岩、粉砂岩、泥岩的旋回层,中上部夹薄层泥灰岩,底部为厚0.25m的砾岩,具水平、波状层理;产介形类、植物化石;与下伏地层平行不整合接触;湖泊相
		珍珠冲组		J_1zn	48	黄灰、灰绿色中—块状粗粒铁质岩屑石英砂岩夹粉砂质泥岩;底部砾岩含菱铁矿结核;产植物化石:Dictyozamites cf. Baitianbaensis Li;藻类 Calcispheres elliptica Lin
三叠系	上统	须家河组		T_3x	699	中上部可分五段,二、四段以泥岩为主,具多层可采煤层,产双壳类、植物化石;沼泽相;其余各段灰、黄灰色砂岩、粉砂岩、泥岩的旋回层,底有厚约0.5m的硅质细砾岩,河流相;下部灰、深灰色砂岩、粉砂岩、碳质页岩及劣质煤层或煤线的旋回层,与底部间见厚层硅质石英砂岩;产双壳类及植物化石;滨海—滨岸沼泽—河流相;底部深灰色、灰黑色薄—中层灰岩,泥灰岩与泥岩或页岩的韵律层覆于硅质细砾岩之上,产双壳类、菊石等化石;与下伏地层平行不整合接触;海相

续表

年代地层		岩石地层	代号	厚度/m	岩性组合
三叠系	中统	雷口坡组	T_2l	450	底部浅绿灰白色水云母黏土岩（"绿豆岩"）、云泥岩、纹层状及中层状白云岩，中部以灰岩为主，上部为白云岩、含石膏白云岩夹膏溶角砾岩，具斜层理、微波状、微细水平层理和鸟眼构造等；产腕足类、海百合茎化石；与下伏地层整合接触；咸化潟湖相
	下统	嘉陵江组	T_1j	190	下部黄灰色白云岩夹云泥岩，中部为灰紫色灰岩及泥灰岩，上部以黄灰色白云岩为主夹紫红色膏溶角砾岩，具潮汐层理、渠迹、鸟眼及格子状构造等；产双壳类、腕足类及遗迹化石等；与下伏地层整合接触；海相
		飞仙关组	T_1f	90	灰白色灰岩与紫红色砂岩、粉砂岩、泥岩的旋回层，顶部为含玉髓砾石的砂岩、粉砂岩、泥岩的旋回层，具潮汐、包卷层理、重荷模、泥裂、波痕及缝合线构造等；产双壳类、腕足类及遗迹化石；与下伏地层整合接触；河口湾相
		东川组	T_1d	200	紫红色砂岩、粉砂岩及泥岩的旋回层，具大型板状、槽形、平行层理，冲刷面、波痕、泥裂等；未见化石；与下伏地层整合接触；河流相
二叠系	上统	宣威组	P_3x	96	紫红、灰绿、黄绿等色的砂岩、粉砂岩、泥岩及煤线的旋回层，底部为玄武岩的古风化壳，含少量铜、铁、铝土矿等，具斜层理、冲刷面等构造；产植物化石；与下伏地层平行不整合接触；沼泽—河流沼泽相
		峨眉山玄武岩组	P_3e	258	深灰色微晶、隐晶、斑状、杏仁状等玄武岩旋回层，具柱状节理，底部有厚约1m的铝土质黏土岩、泥岩、碳质页岩夹煤线等，产植物及腕足类化石；与下伏地层平行不整合接触；陆相喷发—滨海沼泽相
	中统	茅口组	P_2m	195	深灰色、灰色中—块状灰岩为主，夹薄层泥灰岩，含燧石条带或结核，灰岩中普遍含沥青质；产珊瑚、腕足、蟆及苔藓虫化石；与下伏地层整合接触；海相
		栖霞组	P_2q	92	以灰、深灰色中—厚层状灰岩为主，夹少量泥灰岩，上部含燧石结核，灰岩中普遍含沥青质；产珊瑚、腕足、蟆及苔藓虫化石；与下伏地层整合接触；海相
		梁山组	P_2l	>1	灰、灰黑色页岩、泥岩，夹少量砂岩及粉砂岩，局部夹煤线，产腕足类化石；含星散状黄铁矿；与下伏地层未见直接接触；滨海沼泽相
奥陶系	下统	大乘寺组	O_1d	80~167	灰绿、黄灰色页岩、泥质粉砂岩夹细砂岩，产丰富的三叶虫、笔石化石、未见顶；与下伏地层整合接触；陆棚相
		罗汉坡组	O_1l	77~131	下部为杂色白云岩、灰岩与砂岩互层，上部为杂色砂岩、砂质泥岩，化石带自下而上分为笔石 *Rhabdinopora flabelliformis* 延限带，三叶虫 *Wanliangtingia-Loshanella loshanensis* 和 *Chunkiangaspis sinensis-Lohanpopsis lohanpoensis* 组合带及头足类 *Cameroceras* 延限带，与下伏地层整合接触；陆棚—滨浅海相
寒武系	上统	洗象池群	$\text{Є}_{2\text{-}3}x$	193~282	灰、浅灰色薄—厚层状粉晶白云岩，局部夹石英砂岩透镜体及硅质结核，含藻类化石，与下伏地层整合接触；潮坪相
	中统	西王庙组	Є_2x	7~16	紫红色泥质粉砂岩，白云质粉砂岩夹白云岩，局部夹石膏薄层，与下伏地层整合接触；潮坪相
		陡坡寺组	Є_2d	14~45	下部为杂色粉砂岩、泥岩夹粉晶白云岩，上部为灰黄色薄—中厚层状泥质白云岩与砂质白云岩互层，顶部为灰绿色页岩、粉砂岩，与下伏地层整合接触；陆棚相
	下统	龙王庙组	Є_1l	64~119	浅灰白色含陆屑的砂泥质白云岩夹数层碎屑岩，是有膏岩层；与下伏地层整合接触；咸化浅海相

续表

年代地层		岩石地层	代号	厚度/m	岩性组合		
寒武系	下统	沧浪铺组	$\epsilon_1 c$	95～106	下部为杂色长石岩屑砂岩、白云石粉砂岩、粉砂质泥岩不等厚互层，上部含砾岩屑砂岩，顶部粉晶—砂屑白云岩，产 *Girvanella* sp.，与下伏地层整合接触；咸化浅海相		
		筇竹寺组	$\epsilon_1 q$	250～334	灰、黄绿色泥质粉砂岩、粉砂岩，上部产丰富的三叶虫化石；与下伏地层平行不整合接触；海湾—陆棚相		
		麦地坪组	$\epsilon_1 m$	35～38	下部为灰、深灰色薄—中层状砂屑白云岩夹硅质白云岩及胶磷矿条带、局部磷块岩；上部灰、深灰色中厚—厚层状细晶白云岩及含胶磷矿砾屑不等晶白云岩夹少量水云母黏土岩，与下伏地层整合接触；低—中能潮坪海湾相		
震旦系	上统	灯影组三段	$Z_2 d^3$	319～349	灰、深灰色中—厚层状白云岩夹藻屑白云岩、硅质白云岩及硅质条带；底部薄板状泥质白云岩		
		灯影组二段	$Z_2 d^2$	416～502	灰白、灰色花边状葡萄状、灰纹状富藻白云岩；底部一层亮晶鲕粒白云岩；产 *Actinophycus*		
		灯影组一段	$Z_2 d^1$	103～150	灰、深灰色中—厚层状泥质粉晶白云岩；底部黑色厚—巨厚层砾状白云岩。产 *Palaeomicrocystis* sp.		
	下统	观音崖组	$Z_1 g$	41～48	下部为灰白色白云质石英细砂岩与中厚层白云岩互层，底部含砾石英砂岩，上、中部为浅灰色薄—中厚层状白云岩、藻屑白云岩，上部夹薄层岩屑白云岩；与下伏地层角度不整合接触；潮坪相		
新元古界		烂包坪组	$Ptln$	640～900		下部为一套绿、绿灰色流纹质、安山质、玄武质凝灰岩,凝灰砂砾岩及变质玄武岩等互层，底部为一套砾岩；上部为浅绿、紫灰、紫红色变质玄武岩、玄武凝灰岩等互层	
		柳担桥三段	Ptj^3	0～150	峨边群	下部为浅绿至绿灰色板岩、千枚岩夹钙泥质粉砂岩；上部为紫灰至紫红色板岩、千枚岩夹薄至中层状含铁石英细砂岩、粉砂岩和少量凝灰岩	
		柳担桥组二段	Ptj^2	200～350		以黑色、深灰色碳质板岩、砂质板岩为主；夹薄—中层状碳泥质微晶灰岩、含碳泥质岩屑砂岩和砂岩；部分地段夹安山集块岩、凝灰岩	
		柳担桥组一段	Ptj^1	200～400		为灰白—深灰色中层—厚层状、块状白云岩和矽卡岩化白云岩；上部夹少量黑色碳质板岩、砂质板岩和薄层状细—粉砂岩；中下部白云岩内具有矽卡岩化交代现象	
		冷竹坪组	Ptl	>200		暗紫—紫灰、绿灰—深绿色气孔状、杏仁状、致密状、斑状蚀变玄武岩、玄武质英安质岩屑、晶屑凝灰岩及紫色玄武质火山角砾岩	

附录 3　峨山总图

资料来源：黄绶芙和谭钟岳（1980）

附录4　峨眉山风景名胜资源类型与分级评价

序号	名称	类别	级别	序号	名称	类别	级别
1	千佛顶	山峰	二级	34	马鞍山	山景	四级
2	玄武金刚	山景	二级	35	万佛顶	山峰	一级
3	九老洞	洞府	三级	36	金顶	山峰	一级
4	一线天	山景	三级	37	瓦屋仙宇	大尺度山地	一级
5	洪椿古峰	山峰	三级	38	龙门洞	洞府	一级
6	象鼻岩	山景	三级	39	舍身岩	山景	一级
7	九岭岗	山景	四级	40	龙门峡	峡谷	一级
8	红珠山	山景	四级	41	卧云庵	宗教建筑	二级
9	梳妆台	山景	四级	42	伏虎寺牌坊	纪念建筑	二级
10	七里坡	山景	四级	43	布金林牌坊	纪念建筑	二级
11	连望坡	山景	四级	44	红珠山宾馆四号楼	纪念建筑	二级
12	罗汉坡	山景	四级	45	雷音寺	宗教建筑	二级
13	钻天坡	山景	四级	46	中峰寺	宗教建筑	二级
14	遇仙坡	山景	四级	47	神水阁	宗教建筑	二级
15	长寿坡	山景	四级	48	大峨寺	宗教建筑	二级
16	鹅项颈	山景	四级	49	接王亭	风景建筑	二级
17	撮箕口	山景	四级	50	博物馆	文娱建筑	二级
18	蛇倒退	山景	四级	51	蒋介石军训旧址	纪念地	二级
19	石笋峰	山峰	四级	52	牛心寺	宗教建筑	三级
20	大仙峰	山峰	四级	53	遇仙寺	宗教建筑	三级
21	小仙峰	山峰	四级	54	长寿桥	工交建筑	三级
22	天池峰	山峰	四级	55	观音桥	工交建筑	三级
23	象鼻坡	山景	四级	56	天门桥	工交建筑	三级
24	解脱坡	山景	四级	57	仙皇亭	风景建筑	三级
25	枷担湾	峡谷	四级	58	凌霄亭	风景建筑	三级
26	牛心岭	山景	四级	59	寿星桥	工交建筑	三级
27	观心坡	山景	四级	60	洞天首步牌坊	纪念建筑	三级
28	鸡公啄	山景	四级	61	万渡桥	工交建筑	三级
29	白云峰	山峰	四级	62	万福桥	工交建筑	三级
30	陡石梯	山景	四级	63	万缘桥	工交建筑	三级
31	猴子坡	山景	四级	64	龙门铁索桥	工交建筑	三级
32	三霄洞	洞府	四级	65	万年桥	工交建筑	三级
33	弓背山	山景	四级	66	徐氏宅	民居宗祠	三级

续表

序号	名称	类别	级别	序号	名称	类别	级别
67	慈圣庵	宗教建筑	三级	102	四会亭	风景建筑	三级
68	白龙洞	宗教建筑	三级	103	两河口桥	工交建筑	四级
69	华严顶	宗教建筑	三级	104	白云亭	风景建筑	四级
70	初殿	宗教建筑	三级	105	黑龙江栈道	工交建筑	四级
71	息心所	宗教建筑	三级	106	望月亭	风景建筑	四级
72	千溪沟渡槽	工程构筑物	三级	107	滑雪场	文娱建筑	四级
73	黄湾大桥	工交建筑	三级	108	洪椿坪	宗教建筑	特级
74	太子坪	宗教建筑	三级	109	万年寺	宗教建筑	特级
75	方氏宅	民居宗祠	三级	110	报国寺	宗教建筑	特级
76	善觉寺	宗教建筑	三级	111	伏虎寺	宗教建筑	特级
77	虎浴桥	工交建筑	三级	112	清音阁	宗教建筑	特级
78	来凤亭	风景建筑	三级	113	洗象池	宗教建筑	一级
79	天下名山牌坊	纪念建筑	三级	114	仙峰寺	宗教建筑	一级
80	虎啸桥	工交建筑	三级	115	邓小平登山亭	风景建筑	一级
81	虎溪桥	工交建筑	三级	116	纯阳殿	宗教建筑	一级
82	萝峰庵	宗教建筑	三级	117	四季坪草甸	草地草原	四级
83	峨秀桥	工交建筑	三级	118	千佛冷杉	古树名木	一级
84	红珠桥	工交建筑	三级	119	杜鹃报春	植物生态类群	一级
85	御书桥	工交建筑	三级	120	杜鹃花海	植物生态类群	一级
86	凉风桥	工交建筑	三级	121	洗象池南布告碑	摩崖题刻	二级
87	解脱桥	工交建筑	三级	122	仙圭石刻	摩崖题刻	二级
88	万定桥	工交建筑	三级	123	九莲池石刻	摩崖题刻	二级
89	正心桥	工交建筑	三级	124	天门寺石刻	摩崖题刻	二级
90	太平桥	工交建筑	三级	125	海会塔林	其他胜迹	二级
91	广福寺	宗教建筑	三级	126	普同塔林	其他胜迹	二级
92	宝现溪铁索桥	工交建筑	三级	127	大佛崖摩崖造像	雕塑	二级
93	中日诗碑亭	风景建筑	三级	128	智者大师衣钵塔	其他胜迹	二级
94	牛心亭	风景建筑	三级	129	大峨石刻	摩崖题刻	二级
95	双飞龙桥	工交建筑	三级	130	神水通楚碑	摩崖题刻	二级
96	双飞桥	工交建筑	三级	131	开阔奇观石刻	摩崖题刻	二级
97	神秀亭	风景建筑	三级	132	楚歌凤台石刻	摩崖题刻	二级
98	接引殿	宗教建筑	三级	133	中和石刻	摩崖题刻	二级
99	华藏寺	宗教建筑	三级	134	清音碑	摩崖题刻	二级
100	雷洞寺	宗教建筑	三级	135	大坪遗址	遗址遗迹	三级
101	九十九道拐	工程构筑物	三级	136	大乘寺遗址	遗址遗迹	三级

序号	名称	类别	级别	序号	名称	类别	级别
137	龙门洞摩崖石刻	摩崖题刻	三级	157	玉液泉	泉井	四级
138	黑水寺遗址	遗址遗迹	三级	158	偏桥沟	溪流	四级
139	大峨楼遗址	遗址遗迹	三级	159	白龙池	其他水景	四级
140	新开寺遗址	遗址遗迹	三级	160	天际银河	日月星光	二级
141	大路碑记	摩崖题刻	三级	161	圣灯普照	日月星光	二级
142	千佛庵遗址	遗址遗迹	三级	162	万佛云涌	云雾景观	特级
143	慧灯寺遗址	遗址遗迹	三级	163	金顶晚霞	虹霞蜃景	一级
144	圣积铜钟	其他胜迹	特级	164	金顶日出	日月星光	一级
145	圣积寺铜塔	其他胜迹	特级	165	雷洞烟云	云雾景观	一级
146	十方普贤塑像	雕塑	一级	166	峨眉瑞雪	冰雪霜露	一级
147	清音瀑布	瀑布跌水	二级	167	法证和尚墓	陵园墓园	三级
148	峨眉氡温泉	其他水景	二级	168	海清海澄和尚墓	陵园墓园	三级
149	观音飞瀑	瀑布跌水	二级	169	海岸和尚墓	陵园墓园	三级
150	雷洞瀑布	瀑布跌水	三级	170	得心和尚墓	陵园墓园	三级
151	红珠湖	湖泊	三级	171	无穷和尚墓	陵园墓园	三级
152	龙桥瀑布	瀑布跌水	三级	172	徐氏墓	陵园墓园	三级
153	黑龙江	溪流	三级	173	董氏墓	陵园墓园	三级
154	白龙江	溪流	三级	174	茶场村骆氏墓	陵园墓园	三级
155	虎溪	溪流	三级	175	桅杆村骆氏墓	陵园墓园	三级
156	龙洞涌泉	泉井	四级	176	峨眉山植物园	植物园	三级

峨眉山风景名胜区总体规划（2018－2035）.https://emsjq.leshan.gov.cn/emsjq/tzgg/201902/26319c7476144916aad35c32e4ff71f1.shtml.

附录 5　天然石材主要产品和应用领域

天然石材用途及制品				具体用途
装饰石材	花岗岩		板材、异型材	建筑墙面、地面的湿贴、干挂；各种异型材的装修，凹凸面装饰
	大理岩			
	砂岩			
	板岩		劈分平面板、凸面板	墙面、地面湿贴、盖瓦、蘑菇石
装饰石材	文化石材	花岗岩	片石、毛石、石板、蘑菇石等	文化墙、背景墙、铺路石、假山、瓦板
		大理岩		
		砂岩		
		板岩	片状板石、异型石	
		砾岩	鹅卵石、风化石、冲击石	
		品石 抽象石	灵璧石、红河石、风砺石	案几、园路摆设、观赏
			太湖石、海蚀石、风蚀石	园林、公园、街景构景
		无象石	黄山石、泰山石、上水石	
		象形石	大型象形石	风景、园林构景
			鱼、鸟、花草、木等化石	案几、工艺品摆设
			雨花石、钟乳石	
		图案石	石材中有近似图案平面板石	家具、背景墙、屏风
		宝石	玉石、彩石、宝石	首饰、工艺雕刻
建筑石材	建筑辅料用石		碎石、角石、石米	人造石材、混凝土原料
			块石、毛石、整形石	墙基石、基础石、铺路石
			河海砂、砾石、碎石	建筑混凝土用石
石材用品	陵墓用石		花岗石、大理石	碑石、雕刻石、环境石
	雕刻用石		花岗石、大理石、砂石	各种雕刻石
	工艺用石		滑石、叶蜡石、高菱石、蛇纹石等	工艺品雕刻
	生活用石		花岗石、大理石、砂石、块石、条石、异型石	石材家具、日常用石
	化学工业用石		块石、条石	酸碱、废水、废油、电镀、电解池槽
	工业原料用石		海河砂、辉长岩、花岗岩、白云岩、大理石	铸石、玻璃、铸造、水泥原料
	农业用石		大部分硬质石类	磨碾石、水利用石、平衡土壤酸碱度
	轻工业用石		重钙粉、轻钙粉、超细级碳酸钙粉等	造纸、油漆、涂料、填料、制药

资料来源：程肖琼，2009

附录6　滑坡野外调查表

项目名称：　　　　　　　　　图幅名：　　　　　　　图幅编号：

名称				省　　县(市)　　乡　　村　　社						
野外编号		滑坡时间	□古滑坡 □老滑坡 □新滑坡 发生时间： 　年　月　日　时	地理位置	坐标/m	经度：　　°　′　″		标高/m	坡顶	
统一编号						纬度：　　°　′　″			坡脚	
滑坡类型	□崩塌　□倾倒　□滑动　□侧向扩离　□流动　□复合					滑体性质	□岩质　□碎块石　□土质			

滑坡环境	地质环境	地层岩性			地质构造		微地貌	地下水类型		
		时代	岩性	产状	构造部位	地震烈度	□陡崖 □陡坡 □缓坡 □平台	□孔隙水　　□潜水 □裂隙水　　□承压水 □岩溶水　　□上层滞水		
	自然地理环境	降水量/mm			水　　　　文					
		年均	日最大	时最大	洪水位/m	枯水位/m	滑坡相对河流位置			
							□左　　□右　　□凹　　□凸			
	原始斜坡	坡高/m	坡度/(°)	坡　　形	斜坡结构类型		控滑结构面			
				□凸形　□凹形 □平直　□阶状			类型			
							产状			

滑坡基本特征	外形特征	长度/m	宽度/m	厚度/m	面积/m²	体积/m³	坡度/(°)	坡向/(°)
		平面形态				剖面形态		
		□半圆　□矩形　□舌形　□不规则				□凸形　□凹形　□直线　□阶梯　□复合		
	结构特征	滑体特征				滑床特征		
		岩性	结构	碎石含量/%	块度/cm	岩性	时代	产状
			□可辨层次 □零乱	(体积占比)				
		滑面及滑带特征						
		形态	埋深/m	倾向/(°)	倾角/(°)	厚度/m	滑带土名称	滑带土性状
	地下水	埋深/m	露　　头			补给类型		
			□上升泉　□下降泉　□溢水点			□降雨　□地表水　□人工　□融雪		

滑坡野外调查表（续）

项目名称：　　　　　　　图幅名：　　　　　　图幅编号：

名称		省　　县(市)　　乡　　村　　社			
滑坡基本特征	土地使用	□旱地　□水田　□草地　□灌木　□森林　□裸露　□建筑			
	现今变形迹象	名　称	部　位	特　征	初现时间
		□拉张裂缝			
		□剪切裂缝			
		□地面隆起			
		□地面沉降			
		□剥、坠落			
		□树木歪斜			
		□建筑变形			
		□渗冒混水			
影响因素	地质因素	□节理极度发育　□结构面走向与坡面平行　□结构面倾角小于坡角　□软弱基座 □透水层下伏隔水层　□土体/基岩接触　□破碎风化岩/基岩接触　□强/弱风化层界面			
	地貌因素	□斜坡陡峭　□坡脚遭侵蚀　□超载堆积			
	物理因素	□风化　□融冻　□胀缩　□累进性破坏造成的抗剪强度降低　□孔隙水压力高 □洪水冲蚀　□水位陡降陡落　□地震			
	人为因素	□削坡过陡　□坡脚开挖　□坡后加载　□蓄水位降落　□植被破坏　□爆破振动 □渠塘渗漏　□灌溉渗漏			
	主导因素	□暴雨　□地震　□工程活动			
稳定性分析	复活诱发因素	□降雨　□地震　□人工加载　□开挖坡脚　□坡脚冲刷　□坡脚浸润　□坡体切割 □风化　□卸荷　□动水压力　□爆破振动			
	目前稳定状况	□稳定　□基本稳定　□不稳定	发展趋势分析	□稳定　□基本稳定 □不稳定	

已造成危害	伤亡人数	损坏房屋	毁路/m	毁渠/m	其他危害	直接损失/万元	间接损失/万元
		户　　间					

诱发灾害	灾害类型		波及范围		造成损失	
潜在危害	威胁人口/人			威胁资产/万元		
监测建议	□定期目视检查　□安装简易监测设施　□地面位移监测　□深部位移监测					
防治建议	□避让　□裂缝填埋　□加强监测　□地表排水　□地下排水　□削方减载　□坡面防护 □反压坡脚　□支挡　□锚固　□灌浆　□植树种草　□坡改梯　□水改旱　□减少振动					

滑坡示意图	平面图
	剖面图

调查单位：　　　　　调查负责人：　　　填表人：　　　审核人：　　　填表日期：　　年　　月　　日

附录7　峨眉山景区路线图

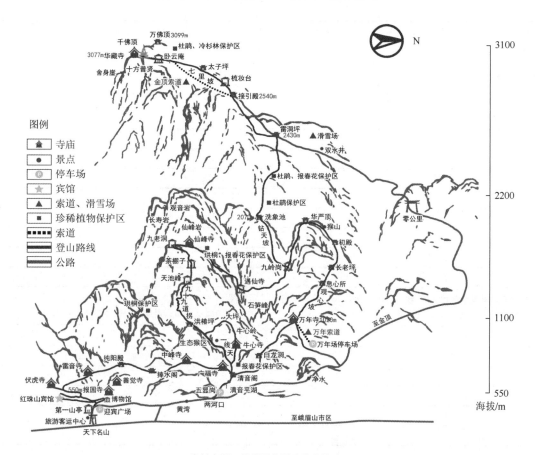

资料来源：根据网络图片综合修改

附录 8　实习记录内容参考格式

日期：	天气：	地名：（宏观位置）			
调研路线编号：	调研点编号：	地名：（具体位置）	X坐标：	Y坐标：	海拔：

调研点位置：（地理位置）

调研点性质：（地质构造点、地层/岩性界线点、地貌点、地质灾害点、水文点、人文地理点、城乡规划点…）

调研点描述：

调研点定量采集数据：（产状、标本、样品……） 调研点照片：（编号、镜向、主题……）	示意图 （平面/剖面示意图、素描图、速写图……）

调研点之间描述：

调研点定量采集数据：（产状、标本、样品……） 调研点照片：（编号、镜向、主题……）	示意图 （平面/剖面示意图、素描图、速写图……）

附录 9　实习图版参考格式

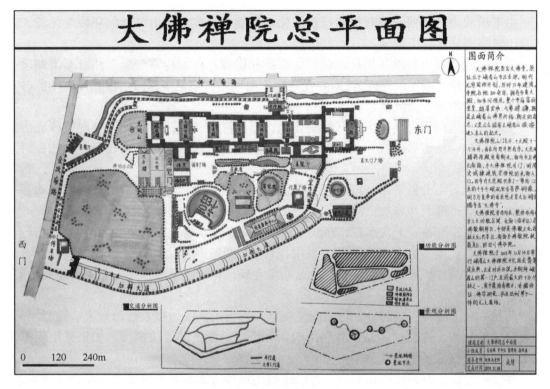

赵银兵指导，肖美琳、罗仲弘、雷璎铃和徐晖森 4 人于 2019 年完成的实习作业

附录 10　峨眉山登山小贴士

由于峨眉山一年四季随海拔和昼夜变化，气温、湿度和登山路线的环境变化较大，在登山时需要注意以下事项。

安全：建议登山时准备拐杖，保护好膝盖和脚踝；注意行路安全，注意湿滑路段；遇地质灾害路段（或警示路段），需要观察后安全通过；切记走路时不要拍照，拍照时不要走路，防止跌倒或者坠落。

衣着：峨眉山垂直高差大，气温变化大，需要注意防寒；以轻便、鞋底软硬适中的布鞋、胶底鞋、旅游鞋为宜，切忌穿高跟鞋和新皮鞋；因峨眉山雨水较多，在选鞋时应注意其防水性。

雨具：峨眉山云低雾浓，降雨较多，雨具应是必备的，带雨伞不太方便，可购买一次性的雨衣或带薄型冲锋衣。

水及食品：准备一个饮水瓶，路线上一些寺院有开水房，可以免费为游客提供开水；建议携带食品，但不宜太多太杂，主要用作临时性补充体力之需，建议携带高热量、体积小的方便食品；如果在寺庙就餐，注意尊重寺庙风俗，不要高声喧哗，不要随意拍照，收拾好垃圾。

药品：夏天应带一些防暑、防治肠道疾病和感冒的药品，以及防治蚊虫、防晒用品；冬天带防治感冒、冻伤的药品；外伤用的如创可贴、绷带等建议携带；如果采用乘车方式上下山，建议准备晕车药品。

住宿：建议提前预订宾馆酒店，可以通过团购等方式获得价格优惠；建议淡季旅游，避免高峰期，减少花费。

休息：建议在登山前要保持充足睡眠，在途中安排小憩，保证途中拥有足够体力。

迷路：若迷路时应原路返回，或寻找避难处寻求救援，保持情绪稳定，保持好体力。

环保：不要乱丢垃圾，保持景区洁净，保护景区动植物，不要随意采摘花草。

其他：建议多人一起通过猴区，对猴子不要过分亲近，远观为宜；不要喧哗或者跑跳，避免激怒猴子；注意藏好食物，避免猴子抢夺；不要穿颜色鲜艳的衣服，避免刺激到猴子；如被猴子所伤，需要及时医治。

致　谢

　　本书在编著过程中得到了成都理工大学地球科学学院邓江红、陶晓凤、田亚铭、严冰、费光春、任科法、高媛和王涛等老师，以及地理与规划学院石松林、易桂花、张菁、陈文德等老师的指导和数据支持。在地质资料整理和分析方面，得到了四川省综合地质调查研究所熊昌利、宋元宝高级工程师的指导。在气象要素数据收集方面，得到了四川省气象局郭善云高级工程师的支持。在本书路线照片采集和无人机拍摄等方面的工作，得到了成都理工大学陈思佳、刘雅琦、罗宇豪、耿春涛、杨艳萍、董刘洋、曹颖琦和张越等同学的支持；陈馨熠、杨艳萍、曹颖聪、赵垚和栗佳玮等同学为本书提供了部分照片，熊宇宸、王雍泰和马尚等同学为本书提供了部分无人机照片；张海琳、万俊芳和王铁霖等同学参与了本书的部分文字资料收集工作，肖羚熙、詹琪、王晓庆、李志豪和曾茂晋等同学参与了部分插图的绘制工作。本书在编写过程中吸收和借鉴了成都理工大学部分教师有关峨眉山实习的一些资料，在此表示衷心感谢。因书籍编写引用资料来源多样，部分资料来自网络或者信息不全，可能存在标注不完整的情况，在此向资料的原作者或者权利所有人一并表示感谢。